中国御史制度的沿革
中国内阁制度的沿革

高一涵 著

四川文艺出版社

图书在版编目（CIP）数据

中国御史制度的沿革·中国内阁制度的沿革 / 高一涵著. —成都：四川文艺出版社，2021.12
ISBN 978-7-5411-6156-8

Ⅰ.①中… Ⅱ.①高… Ⅲ.①御史制度—研究—中国 ②内阁制—研究—中国 Ⅳ.①D691.21

中国版本图书馆CIP数据核字（2021）第230528号

ZHONGGUOYUSHI ZHIDUDEYANGE·ZHONGGUONEIGE ZHIDUDEYANGE
中国御史制度的沿革·中国内阁制度的沿革
高一涵 著

出 品 人	张庆宁
策 划 人	燕啸波 谢信步
责任编辑	梁康伟
封面设计	叶 茂
内文设计	史小燕
责任校对	段 敏
责任印制	崔 娜
出版发行	四川文艺出版社（成都市槐树街2号）
网　　址	www.scwys.com
电　　话	028-86259287（发行部） 028-86259303（编辑部）
传　　真	028-86259306
邮购地址	成都市槐树街2号四川文艺出版社邮购部　610031
排　　版	成都旺家徕平面设计有限公司
印　　刷	成都东江印务有限公司
成品尺寸	130mm×185mm　开　本　32开
印　　张	5.5　字　数　70千
版　　次	2021年12月第一版　印　次　2021年12月第一次印刷
书　　号	ISBN 978-7-5411-6156-8
定　　价	42.00元

版权所有·侵权必究。如有质量问题，请与出版社联系更换。028-86259301

中国御史制度的沿革·中国内阁制度的沿革

目 录

中国御史制度的沿革

- 003　**再版自序**
- 006　**第一章　绪论**
- 009　**第二章　御史官职的沿革**
  - 009　　第一节　自三代到后汉
  - 025　　第二节　自三国到北齐
  - 037　　第三节　自隋到唐
  - 051　　第四节　自五代到宋
  - 061　　第五节　自元到明

074　第三章　给事中官职的沿革

　　074　　第一节　自秦到隋

　　082　　第二节　自唐到宋

　　088　　第三节　自辽金到明

096　第四章　清代科道制的概略

108　第五章　结论

中国内阁制度的沿革

119　**自序**

120　第一章　导言

128　第二章　自秦到六朝的宰相制度

136　第三章　自隋到宋的三省制度

148　第四章　金元的单省制度

154　第五章　明清两代的内阁制度

163　第六章　内阁的职权

中国御史制度的沿革

再版自序

这本小书是我在民国十四年夏天养病的时候写成的。这时正是段祺瑞的执政府中,一两个无聊的政客,高唱恢复科道制的时代,恐怕他们把这个制度白白的糟蹋了,所以我那时不得不表示反对。这是过去的事,用不着再提,现在所要讨论的是五权宪法中监察权如何实现的问题。

现在一般人对于监察权似乎有点误解,就是只把监察权当作弹劾权。其实,明清以来的都察院的权力,绝不以这一种弹劾权为限,此外还包括许多重要的权力在内。中国的御史制度的特点:就在行使弹劾权外,还享有监督行政,考察官吏,检查会计,和注销案卷种种特权。因为都察院有监督行政权,所以"不管是中央官厅，或是地方官厅，凡他们所管事务的施行和成绩，皆当向都察院或各科各道报告；各科道得由这一类的报告中，兼察视政治的状况，如有违反法令，妨碍公益，以及紊乱官纪的事情，都可由各科道奏请纠正"。因为都察院有考察官吏权，所以凡"京察""大计""有鉴衡不公，黜陟失当，徇情滥保，姑容不职者，皆可由科道纠参"。因为都察院有检查会计权，所以"无论中央或地方官厅凡经费的出纳，皆受都察院的检察；各官厅所作的会计报告，皆付都察院检查"，如"有浮冒舛错蒙混的，皆得指出参劾"，因为都察院有注销案卷权，所以对于一切定有限期或没有限期的案件，均得不时稽察，"如有迁延迟误事件，即行奏参"。由此看来，弹劾权只能算是监察权的结果，必须先有上述的几种特权——监督行政，考察官吏，检查会计，注销案卷等权，——然后弹劾权才不致成为虚设。监察院如果没有这几种特权，就是教他告发，他也无从着手。故监察院如果要想实行他的监察权,一定要在弹劾权之外,同时再享有这四种权力,然后弹劾权才有着落。

这是我现在对于监察权的一点意见。

高一涵叙于上海　十八年七月六日

第一章　绪论

本书所说的御史，乃是包括清代都察院中的科道而言。所谓科，就是六科给事中，所谓道，就是十五道监察御史；此外还有总理台政的左都御史，襄赞左都御史的左副都御史；以及其他由科道中派遣的巡仓巡漕巡察巡城等御史或给事中，都一律包括在内。

考唐宋以前的制度，言官与察官本是分立的。谏官司言，御史司察；谏官掌规谏讽谕，献可替否，御史掌纠察官邪，肃正纪纲；谏官监督政府，御史监督官吏。到了宋真宗天禧年间，虽然设言事御史，神宗熙宁元丰年间，虽然以言事官为殿中侍御史，或诏使监察御史兼言事，但却不想使谏官兼行纠弹的职务。故宋孝宗淳熙十五年虽依唐朝制度，置拾遗补阙，但却专掌谏诤，不许纠弹。大概唐代重谏官，轻御史，而宋代的御史则多由言官兼权。故从前谏诤之官或阙人不补，而居言官的地位者。又往往分行御史的职务，至于箴规阙失，不会多见。所以孝宗时，兵部侍郎林栗有言官不许纠弹的建议。自此而后，君主多恨言官足以妨害自己的专断，虽阳存其名，却阴使行御史的职权，故言官反不见重要了。

金元以前的制度，御史属于御史台，给事中则或属于集书省（如宋齐梁北齐等朝是），或属于门下省（如隋唐宋等朝是）。到了金元以后，虽废门下省，而元明两代虽不设或裁废其他谏官，但仍留给事中一职。明初使给事中属于通政司，后乃独立自为一曹，称为六科都给事中，凡章疏案牍，皆同部院衙门平行。只因科道并立，各树党援，互相攻击。御史还要听都察院堂官的考察，独给事中无所隶属，故往往放纵自恣。清初尚沿用明制，六科独立，自为一曹，直到雍正元年，才使六科隶属于都察院，听受都御史的考核。科道既然合并，实际上的职权亦因而变异。从法律上说，给事中虽然还有封驳诏令的大权，但是从事实上说，诏令多由军机处密行，不从给事中手中经过，故给事中事实上亦变成御史了。我们若就御史的纠察权说，实在可算是世界上他国从古未有的特殊制度，因此便不能不引起一般研究中国政治制度的学者的特别注意。现在为说明科道的职权起见，故先分述御史制度和给事中制度在历史上沿革的大概。

第二章 御史官职的沿革

第一节 自三代到后汉

秦代以前,虽然有御史的名称,但多掌记事的职务,和后来的御史职权迥不相同。在战国时代,献书多曰:"献书于大王御史。"秦赵会于渑池,也命御史书事。淳于髡亦说:"御史在后,执法在旁。"由此可见这时的御史多掌记事的职务。但是《周礼》如果可靠,那么《周礼》上所说的御史职掌倒很有一点像是后代御史的渊源。且看《周礼·天官》说:

> 小宰之职,掌建邦之宫刑,以治王宫之政令,凡宫之纠禁。(郑康成注:"若今御史中丞。")

再看《周礼·春官》：

> 御史……掌邦国都鄙及万民之治令，以赞冢宰，凡治者受法令焉，掌赞书，凡数从政者。

故《历代职官表》以此为根据，便说："汉御史中丞执法殿中，与周官小宰掌宫刑以宪禁于王宫者相近，故郑氏援以为比。"又说："周官御史次于内史外史之后，盖本史官之属，故杜佑以为非今御史之任。然考其所掌，如赞冢宰以出治令，则凡政令之偏私阙失，皆得而补察之。故内外百官悉当受成法于御史，实后世司宪之职所由出。"（《历代职官表》卷十八）由此看来，《周礼》上所说的御史，职务固然和后代的御史不同，但是小宰掌王宫的纠禁，与汉代御史中丞居殿中兰台察举非法，似同为宫掖的近臣。

而御史虽属小臣（因皆以中下士为之），但是因为他们掌治令，授成法，也的确可算是司宪之官了。

秦代以后，御史始掌纠察的职任。不过秦制太简略，不能推想出来御史的详细的职权，姑且把那可靠的记载列举如下：

> 御史大夫秦官，侍御史之率，故称大夫。（杜佑《通典》）
>
> 秦置御史大夫，以贰于相。（章俊卿《山堂考索》）
>
> 御史中丞本秦官也。（《晋书·百官志》）
>
> 秦时为御史，主柱下方书。（《史记·张苍列传》）
>
> 侍御史于周为柱下史，老聃尝为之。秦时张苍为御史，主柱下方书，亦其任也。又云：苍为柱下御史，明习天下图书计籍。（原注：见《史记》。

如淳曰:"方,板也,谓书事在板上也。秦以上置柱下史,苍为御史,主柱下事,或曰主四方文书也。"又《职官录》曰:"秦改御史为柱下史。")一名柱后史,谓以铁为柱,言其审固不挠也。亦为侍御史。(杜佑《通典》)

监御史秦官,掌监郡。(《汉书·百官公卿表》)

初秦以御史监理诸郡,谓之监察史。(杜佑《通典》)

把以上所引的各条总集起来,可以知道秦时已经有御史大夫、御史中丞、侍御史或柱下御史、监察史等官。御史大夫在秦为丞相的辅助,秦以太尉掌武事,以丞相承天子,助理万机,故贰于丞相的御史大夫其实就是副相,凡丞相出缺,即以御史大夫升迁。杜佑因此,便说:"此皆为三公,非今御史大夫也。"(《通典》卷二十四)《历代职官表》亦说："秦汉御史大夫史称其掌副丞相,故汉时名为两府,(原注:《薛宣传》'简在两府'师古曰:'丞相、御史府也。')凡丞相有阙,则御史大夫以次序迁。乃三公之任,与今都御史之职不同。"至于御史中丞在秦时所掌何职,虽然无书可考,但是汉朝的御史中丞想必是因袭秦制的,或者职在"居殿中察举非法",亦未可知。此外柱下御史显然是掌古今图书计簿的了。故《历代职官表》说:"如淳注,以方书为四方文书,然考《汉书·叙传》称:'北平志古,司秦柱下。'(原注:张苍封北平侯,故称北平)颜师古曰:'志,记也;谓多记古事也。司,主也。'是可知柱下实掌古籍,不独天下图书计簿也。秦虽燔灭诗书,而博士所存故在,则禁中亦必有藏书之所,故以张苍主之欤?"(《历代职官表》卷二十五)应劭《汉官仪》说:"侍御史即柱下史。"《通典》也是这样说，或者秦代的柱下御史并有汉代侍御史的察举非法的职任，也未可知。此外最可注意的就是监察史。因为秦代罢侯置守，并把古代的什么方伯连帅等官一齐废掉，单用御史去监理诸郡。所监何事，虽然无书可考，但是后代御史奉命出外巡察，或者即由此而起。明代的巡按御史，的确是仿效秦代的监郡，再一变便成为清代兼右都御史和右副都御史衔的督抚。

汉朝的御史制度，典籍上所载，比较秦代稍觉得完备，职权大都有书可考。现在且依各书所载。条举如下：

> 御史大夫位上卿，掌副丞相。有两丞，秩千石。一曰中丞，在殿中兰台，掌图籍秘书，外督部刺史，内领侍御史十五人，受公卿奏事，举劾案章。（《汉书·百官公卿表》）

汉代的御史大夫和秦代相同，仍为三公之一，并不是后代的御史大夫。汉代的三公：一曰太尉（汉武帝元狩四年改名大司马）；一曰丞相（汉哀帝元寿二年罢丞相置大司徒）；一曰御史大夫（汉成帝绥和元年改名大司空）。故汉代的御史大夫"为三公，职副丞相，丞相阙则大夫迁"（李华《御史大夫厅壁记》）。但汉代的御史大夫虽然不能算是清代的都御史，可是他这个官却是御史的长官。而且照《薛宣传》说："御史大夫内承本朝之风化，外佐丞相统理天下。"《朱博传》也说："御史大夫典正法度，总领百官，上下相监临。"照这样看来，御史大夫虽然不是后代的都御史，但他的职掌在承风化，典法度，执法以监临百官，的确可算是兼执宪之官了。

汉代的御史制度一个大变迁，就在汉成帝绥和元年。这一年御史大夫何武建言：设三公官，分职授政，

故把御史大夫改作大司空,分行丞相的职务。自此而后,中丞便变为御史台的长官,很同清代都察院的都御史相似。故《通典》说:

> 初汉御史大夫有两丞:一曰御史丞(?),一曰中丞。亦谓中丞为御史中执法。中丞居殿中,……察举非法。及御史大夫转为大司空,而中丞出外为御史台率,即今之御史大夫任也。(《通典》卷二十四)

大概从前的御史中丞虽然也掌纠察的职务,但他住在殿中兰台,不过宫庭中的近臣,和后代的副都御史职任各有不同。自成帝时这样一变,中丞出居外台,他的职务便是清代的都察院堂官的职务了。故《历代职官表》说:"自东汉省御史大夫,而以中丞为台率,始专纠察之任。其后历代或复置大夫,或但设中丞,规制各殊，要皆中丞之互名，盖即今都察院堂官之职矣。"（卷十八）《通典·御史大夫》注中亦说："今御史大夫即汉以来御史中丞是也。后代或置大夫，皆中丞之互名，非汉旧大夫之任。"故从御史制度说，这一次变迁，不能不算重要了。

前汉的御史，照《西汉会要》所载，除御史大夫及中丞外，尚有侍御史、治书御史、符玺御史、御史中丞从事、监军御史、御史大夫掾、西曹掾、主簿、少史、御史属、柱下令等官，现在且分别叙述于下：

《汉旧仪》曰：汉御史员四十五人，皆六百石；其十五人给事殿中，为侍御史，宿庐在石渠门外；二人尚玺，四人治书给事，二人侍前，中丞一人，领录二十人，留寺理百官事。（《通典·侍御史》注）

如淳曰：《汉仪》注：御史大夫史员四十五

人,皆六百石;其十五人给事殿中,其余三十人留寺治百官事;皆冠法冠。(《汉书·萧望之传》注)

御史中丞,旧治书侍御史也。(应劭《风俗通》)

初汉宣帝元凤中,感路温舒尚德缓刑之言,季秋后,请谳时,帝幸宣室,齐居而决事,令侍御史二人治书,治书御史起于此也。后因别置,冠法冠,有印绶,与符节郎共平廷尉奏罪,当其轻重。(《册府元龟》)

侍御史有绣衣直指(服虔曰:"指事而行,无阿私也。"师古曰:"衣以绣者,尊宠之也。"),出讨奸猾,治大狱。武帝所制,不常置。(《汉书·百官公卿表》)

绣衣御史暴胜之使持斧逐捕盗贼。(《汉书·王诉列传》)王贺为武帝绣衣御史,逐捕魏郡

群盗。(《元后列传》)

江充拜直指绣衣使,督三辅盗贼,禁察逾侈。时近臣多奢僭:充皆举劾,请没入车马,令身侍北军,击匈奴,奏可。贵戚皇恐,见上叩头,愿得入钱赎罪。又王贺字翁儒,武帝时为绣衣御史,逐捕群盗,皆纵而不诛。暴胜之亦为之。(《通典·侍御史》注)

惠帝初遣御史监三辅郡,其后又置监御史。(《汉官仪》曰:侍御史出督州郡盗贼,运漕军粮,言督军粮侍御史。)(《通典》)

从以上各条看来,侍御史职任既多且重。至于治书侍御史,"掌以法律当天下奏谳,定其是非,参主台事,犹其初之有两丞,则亦当如今副都御史之职也"(《历代职官表》卷十八)。各种御史都归大夫及中丞管辖,不管他们是在殿中,或在寺中,如中丞奉诏治狱,那么侍御史就负有逮捕犯人的责任。故侍御史虽居殿中，却常听中丞的差委。

至于侍御史的绣衣御史，职在逐捕盗贼，虽然和清代五城御史缉捕奸盗的职任不尽相同，但他出监三辅，督运军粮，却是清代巡漕巡察等御史的来源。大概西汉而后，御史出差的事日见其多。故《历代职官表》说："御史出使，至西汉而渐多，如绣衣直指监郡督运监军（监军御史见《汉书·胡建列传》）之类，皆以事专行，正如今巡漕巡察诸差之比。其他随时奉遣者，尚屡见于史；如《食货志》载：分遣御史即治郡国缗钱；《宣帝纪》载：黄龙元年诏御史察计簿；《霍光传》载：侍御史五人持节护丧事；皆非常例。而收缚罪人亦多以侍御史为之（《刘辅传上》使侍御史收系辅，《谷永传上》使侍御史收永，《朱云传》御史将云下殿）。盖因亦给事殿中，职居亲近，故事之重且急者，往往使之衔命耳。"（《历代职官表》卷十八）由此可见侍御史的地位和职任。

此外如《叔孙通传》载：长乐宫"置法酒，御史执法，举不如仪者辄引去，……无敢喧哗失礼者"。后代御史纠察朝仪的职务，大概即由此而来。在上述的各御史之外，还有御史主簿（《通典》卷二十四），御史属（见《汉书·武帝本纪》），御史掾（见《汉书·严延年列传》），当与清代都察院中"掌董察吏胥或缮写章疏"的经历都事相同；如少史（见《汉书·萧望之列传》），当与清代都察院中"掌章奏文籍"的笔帖式相同。

到了后汉，废掉御史大夫，或虽复设御史大夫，却不率领中丞。故此后中丞为一切御史的长官，权势日益尊重，可"与司隶校尉尚书令会同，并专席而坐，故京师号曰三独坐"（《后汉书·宣秉列传》）。现在为表明御史台各御史的职权起见，且照《后汉书·百官志》所载，列表如下：

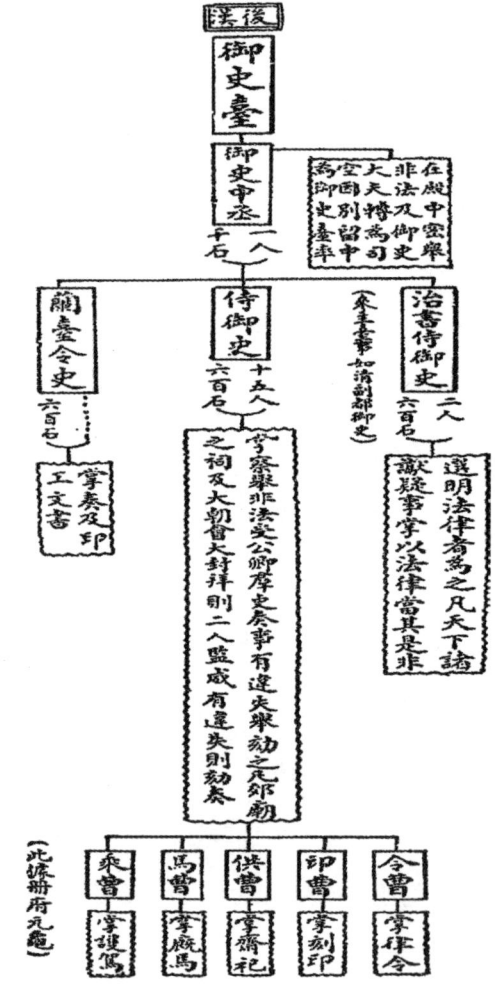

后汉的御史，在上列的正职之外，还有其他的职务。例如中丞督兵讨捕盗贼（如范史所载冯绲以御史中丞将兵督扬州九江诸郡军事，盛修以御史中丞募兵讨长沙零陵贼之类皆是），即后世督抚兼都御史的来源。此外侍御史的职务如《历代职官表》所举：

有出使安集州县者（例如《杜诗传》为侍御史安集洛阳）；

有主从驾行幸平治道路者［例如《章帝纪》帝东巡狩勅侍御史方春毋得有所伐杀，《虞延传》驾经封邱城门，门小不容羽盖，帝怒使挞侍御史（此即所谓乘曹之职）］；

有出督军旅者（例如《高彪传第五》永为督军御史使督幽州，《桓典传》典为侍御史奉使督军破贼）；

有慰抚属国者（例如《李恂传》拜侍御史持节使

幽州宣布恩泽慰抚北狄）；

有监护东宫者（例如《种暠传》顺帝时为侍御史监护太子）；

有使典丧事者（例如《杨赐传》赐卒使侍御史持节送丧兰台令史十人发羽林骑轻车介士）。

我们如果根据上述各项，来定秦汉御史的职务，至少有下列几种：（一）察举非法；（二）受公卿奏事，举劾违失；（三）典法度，掌律令；（四）理大狱，治疑案；（五）掌图书秘籍；（六）监理诸郡；（七）督察部刺史；（八）监察三辅郡；（九）监督军旅；（十）督运军粮；（十一）讨捕盗贼；（十二）禁察逾侈；（十三）纠察朝仪祭礼；（十四）安抚属国州县；（十五）护从巡幸；（十六）监护东宫。

第二节　自三国到北齐

照上边说的，可见得御史制度到两汉已经演进，成为一种很完全的纠察制度。自三国到后周，这三百六十年中，官制上也有种种的变革。要想研究隋唐的御史制度，必先要知道这三百多年中的变迁沿革。现在且把从三国到后周的御史制度，作个简单的说明。

> 魏文帝黄初二年，又以御史大夫为司空，改中丞为宫正，后皆复旧名。侍御史八人。又置治书执法，掌奏劾，治书侍御史但掌律令。（《册府元龟》）

> 魏置御史八人，有治书曹，掌度支运，课第曹，掌考课，不知其余曹也。（《宋书·百

官志》)

魏置御史八人,当大会殿中,御史簪白笔,侧阶而坐。帝问左右,此何官?何主?辛毗曰:此谓御史。

旧时簪笔以奏不法何当,如今者直备位,但眊笔耳。(《通典》)

魏兰台遣二御史居殿中,察非法,即殿中侍御史之始也。(《通典》)

文帝践阼,袭为督军粮御史,更为督军粮执法。(《三国·魏志·杜袭列传》)

黄初七年,遣治书侍御史荀禹慰劳边方;景初元年,冀兖徐豫四州民遇水,侍御史循行没溺,开仓赈救之。(《三国·魏志·明帝本纪》)

现在且把魏代的御史制度列表如下:

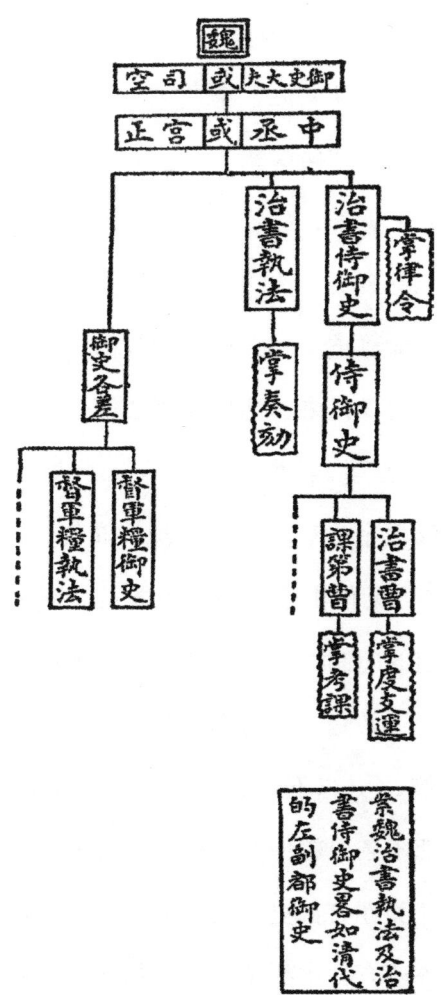

由此看来，魏代御史的职任，如掌奏劾，掌律令，察非法，掌度支运，掌考课，督军粮，以及安抚赈济等事，大致和两汉相等。惟治书侍御史，从应劭《风俗通》上看来，已经比作御史中丞，到了魏代以后，便分统侍御史，沈约说他好像尚书的二丞，可见他的职位渐渐尊重了。大概治书侍御史职在掌法令，治疑狱，故后汉以来，选用深明法律之人，并"选御史高第者补之"（蔡质《汉仪》），可见他地位的重要。"自汉桓帝之后，无所平理，充位而已"（《通典》），又可见他由重官而降为备员。到了魏代，又复后汉以前的旧制，而分统侍御史，地位且较汉代更为崇高了。这乃是三国时御史制度变迁的重要之点。至蜀吴官制，史志不大详载，但是《蜀志·向朗列传》有"朗子条景耀中为御史中丞"的话，《册府元龟》中有"吴亦有御史大夫，后又置左右御史大夫"的话，此外还有"中执法""左执法""监农御史"

等官，见于《三国吴志》的各列传。《历代职官表》说："吴之中执法，左执法，其职较崇，当亦即中丞之改名也。"（卷十八）从这句话上看来，稍稍可以知道三国时御史制度的变迁。

晋代的御史制度多因袭汉朝制度，但亦略有变更，现在且略举史志上的话来说明如下：

> 晋初罢大夫，因汉制，以中丞为台主。（《册府元龟》）
>
> 晋亦因汉，以中丞为台主，与司隶分督百僚。自皇太子以下，无所不纠；初不得纠尚书，后亦纠之。中丞专纠行马内，司隶专纠行马外；虽制如是，然亦更奏众官，实无其限。（《通典》）
>
> 晋置治书侍御史四人，泰始（武帝年号）四年，又置黄沙狱治书侍御史一人，秩与中丞同，掌诏狱，及廷尉不当者皆治之。后并江南，遂省黄沙

治书侍御史,及太康(武帝年号)中,又省治书侍御史二员。侍御史员九人,品同治书。而有十三曹:吏曹,课第曹,直事曹,印曹,中都督曹,外都督曹,媒曹,符节曹,水曹,中垒曹,营军曹,法曹,算曹。及江左,初省课第曹,置库曹,后分置外左库内左库云。殿中侍御史,晋置四人,江左置二人。又案魏晋宫品令又有禁防御史,第七品。孝武太元中有检校御史吴琨。则此二职亦兰台之职也。(《晋书·职官志》)

此外叶梦得《石林燕语》中有监搜御史(说自晋魏以来,凡入殿奏事官,以御史一人管殿门外搜索而后许入,谓之监搜御史,立药树下,至唐犹然,太和中始罢之),《武帝本纪》中有督运御史官,皆晋代御史的差委。现代且把晋代御史各官列表如下:

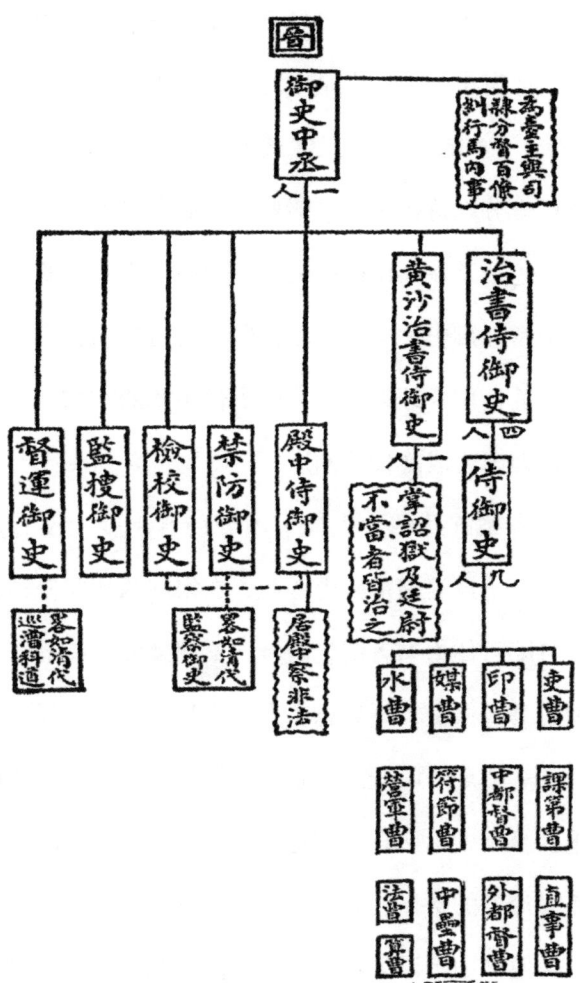

表中所列是晋代御史各官。据李华说:"晋宋元魏以还,无御史大夫,由是中丞威望愈尊,礼有加等。"(《御史中丞厅壁记》)又《通典》说:"魏晋以来,治书侍御史分掌侍御史所掌诸曹,若尚书二丞。"大概晋代的特色,就在不设御史大夫,因而抬高中丞的地位,即以中丞任御史大夫的实职;同时又沿魏制,抬高治书侍御史的地位,即以治书侍御史任中丞的实职。从此演进,便渐渐变成隋代的制度。

宋齐梁陈几朝,大概多因袭魏晋制度,没有多大的变更。不过治书侍御史一职,在宋齐两朝职任稍轻,"故自郎官任治书者谓之南奔。梁谢畿卿自尚书三公侍郎为治书侍御史,颇失志,多陈疾,台事略不复理,是也"(《通典》)。至梁朝才又看作重要,选任亦比较慎重。至于中丞一官,在这个时代,掌奏劾不法,督司百僚,论劾的责任,集于一身,故百官中有犯罪而被发觉者,便坐中丞以失察之罪,因而免职者颇多。故《刘休传》说："建元（齐高帝年号）初，为御史中丞，顷之，启言宋世载祀六十，历斯任者五十有三，校其年月，不过盈岁。于臣叨滥，宜请骸骨。"可见这时中丞职任的重要。现在且把宋齐梁陈各代御史各官之见于史志的，附录于下：

（宋）御史中丞掌奏劾不法，秩千石。治书侍御史掌举劾，官品第六已上，分掌侍御史所掌诸曹，若尚书二丞。侍御史掌察举非法，受公卿奏事，有违失者举劾之。（《宋书·百官志》）

（齐）御史中丞一人，治书侍御史二人，侍御史十人。（《南齐书·百官志》）

（梁）御史台梁国初建，置大夫，天监（武帝年号）元年复曰中丞，置一人，掌督司百僚。治书御史二人，分统侍御史。侍御史九人，居曹，掌知其事，纠察不法。殿中御史四人，掌殿中禁卫。

(《隋书·百官志》)

（陈）陈承梁，皆循其制官。(《隋书·百官志》)

北魏的御史制度也有两点可以使人注意：就是（一）改中丞为中尉，盛张中尉的威仪；（二）慎重御史的选任。北魏的"中尉，督司百僚，其出入千步清道，与皇太子分路，王公百辟咸使逊避，其余百僚下马，弛车止路傍，其违缓者以棒棒之"（《通典》）。大概从后汉以来，中丞的地位日高，故威仪也日盛。专制政体的精神在恐怖，故君主使臣下畏服的唯一方法，就在盛张那耳目之官的威仪，使百僚个个怕惧。唐韦仁约说："御史衔命出使，不能动摇山岳，震摄州县，诚旷职耳。"就是这个用意。故自晋以后，中丞出外皆"专道而行，驺辐禁呵，加以声色"，倘若有人触犯他，便可用鞭杖殴打。这种仪制到北齐益盛，《通典》

说:"武成以其子琅琊王俨兼为御史中丞,欲雄宠之,复兴旧制。俨出北宫,凡京畿之步骑,领军之官属,中丞之威仪,司徒之卤簿,莫不毕备。"(时俨总领四职)此等风气,到周隋才渐渐革除了。故盛张中丞的威仪,虽然不自北魏起,但北魏和北齐总算是中丞威仪达到极点的时代。至于重视御史及御史的选任方法,北魏时也有可以令人注意的事实。例如治书侍御史,自"梁天监初始重其选。……后魏掌纠禁内朝会失时,服章违错,飨宴会见,悉所监之"(《通典》)。他的职任仅在中尉之次,那时中尉李彪犯罪,郦道元就以治书侍御史的资格做御史台官长,去讯问他。这是力反宋齐以来轻视治书侍御史的旧习,在历史上也可算是治书侍御史地位的一个小小变迁。至于侍御史亦是这样,《通典》说:"后魏御史甚重,必以对策高策者补之。"这样的慎重选任,大致和后汉治书侍御史"选御史高第者补之"及侍御史"以公府掾属高第补之;或以故牧守议郎郎中为之"（皆见《通典》）相同。比较"前汉御史多以刀笔吏积劳得之"（《历代职官表》卷十八）者大不一样了。故就北魏的御史选任说，也是研究御史制度的人应当注意的一点。

北魏的御史各官大致和前代相似，有御史中尉（第三品上），治书侍御史（第五品上），侍御史，殿中侍御史（从五品中）；更有检校御史，监军御史；此外如奉命出使征兵，典治丧事，巡察州郡等职，大概多和前代的制度相同。

北齐的"御史台掌纠察弹劾，中丞一人，治书侍御史二人，侍御史八人，殿中侍御史检校御史各十二人，录事四人"（《隋书·百官志》）。后周的御史制度只有名称上的变迁，至于职权上的变迁，却不甚可考。据《册府元龟》说："后周六官之建，改中丞为司宪中大夫，御史台为司宪，属秋官府。司宪上士二人，中士（人数阙）旅下士八人。""司宪中大夫二人，掌司寇之法，辨国之五禁。"（《通典》）职任和中丞相同。司宪上士，职任略同治书侍御史；司宪中士，职任略同侍御史；司宪旅下士，职任略同监察御史。

第三节　自隋到唐

以上所说的历代御史制度，虽然没有重大的变革，但是有许多重要的倾向，便是演成隋唐两代制度的基础。隋代御史台的变迁特点有二：（一）废中丞一官，抬高治书侍御史的品位，来代替中丞的职任；（二）自炀帝废御史直宿禁中的旧制，于是御史便专属于外台。现在且把隋代的御史制度条举于下：

> 高祖受命，置御史台大夫二人，治书侍御史二人，侍御史八人，殿内侍御史监察御史各十二人，录事二人。御史始自吏部选用，仍依旧入直禁中。

炀帝即位，多所改革，御史台增治书侍御史为正五品，省殿内御史员，增监察御史员十六人，加阶为从七品。开皇中，御史直宿禁中，至是罢其制。又置主簿录事员各二人。侍御史惟掌侍从纠察，其台中簿领皆治书侍御史主之。（《隋书·百官志》）

隋以国讳改中丞为大夫。……隋置侍御史八人，自开皇之前，犹踵后魏革选，自开皇之后，始自吏部选用，不由台主。仍依旧入直禁中，大业中，始罢御史直宿。台内文簿，皆治书主之，侍御史但侍从纠察而已。由是资位少减焉。……隋开皇二年，改检校御史为监察御史，凡十二人，炀帝增置十六员，掌出使检校。（《通典》）

《隋》室讳中，省中丞，增置治书御史之品以代之。（徐坚《初学记》）

由上述的各条中看出隋代废中丞，抬高治书御史的地位来代替他，只因偶然的故事，并非有意改制。故官名虽变，而官职实则丝毫没有变更。故《历代职官表》说："隋以中丞为大夫，而治书侍御史专主簿领以为之贰。至唐复改治书为中丞，自是而后，大夫即汉魏中丞之职，中丞即汉魏治书侍御史之职，名虽递易，而实则无殊也。"（卷十八）所以隋代御史台的治书御史便直居中丞的地位，试列表如下。

至于侍御史的选任，后魏以前，本"不随台主简代。延昌中，王显有宠于宣武，为御史中尉，始请革选。此后踵其事，每一中尉则更简代御史。"（《通典》）隋自开皇之始，才废后魏革选的旧制，由吏部选用，不由台主。这也是侍御史选任的方式一大变迁。至于侍御史与殿中侍御史，在后魏"昼则外台受事，夜则番直内台"（《通典》）。这种制度成立很久，汉以前姑且不说，就是汉代御史也常给事禁中，号称亲近的职任。故《后汉·书郅寿传》说：侍御史何敞上疏，有"臣

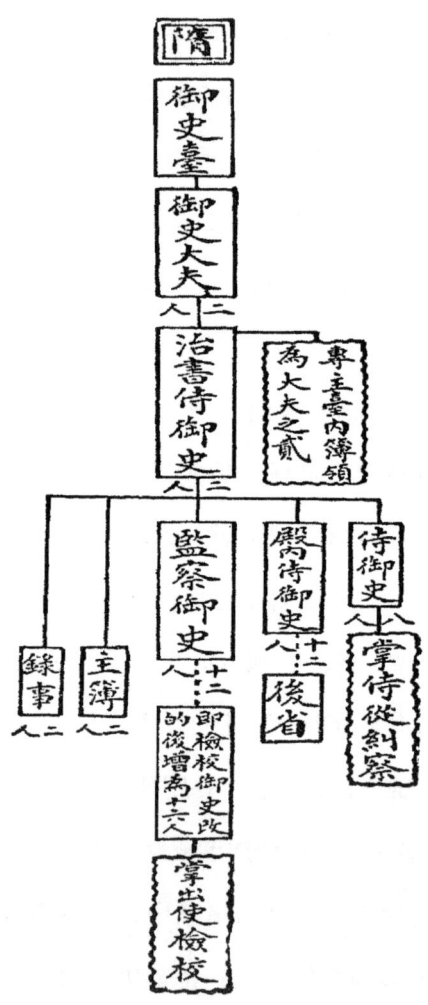

谬预机密"的话，可见在两汉时代，御史乃是参与机密的近臣了。后世虽然常有变更，可是兰台却终属内省，御史常在禁中治事。自炀帝废入直禁中的旧制，御史渐渐离开宫禁，专隶属于外台了。这也是隋代制度一个重要的变迁。

唐代的御史制度发达更为完全，贞观初，"以法理天下，尤重宪官，故御史复为雄要"（《通典》）。至于十道分巡，六部分察，更为后代制度的章本，现在且略引史志来说明唐代制度的大概。

> 御史大夫一人，从三品；中丞二人，正五品：掌邦国刑宪典章之政令，以肃正朝列。侍御史四人，从六品下；令史十五人，书令史二十五人：掌纠举百僚，推鞫狱讼。主簿一人，从七品下；录事二人，从九品下：掌印及受事发辰，勾检稽失。

殿中侍御史六人，从七品上；令史八人，书令史十人：掌殿廷供奉之仪式。监察御史十人，正八品上；令史三十四人：掌分察百僚，巡按郡县，纠视刑狱，肃整朝仪。（《唐六典》）

御史台三院：一曰台院，其僚曰侍御史。……二曰殿院，其僚曰殿中侍御史。……三曰察院，其僚曰监察御史。（赵璘《因话录》）

现在且把他表列如下。

唐代御史制度的重要变迁就是分巡分察两事。武后时改御史台为肃政台，设左右肃政两台，"左以察朝廷，右以澄郡县"（《通典》）。故《唐会要》说："光宅（武后年号）二年改为左肃政台，专管在京百司，及监军旅。更置右肃政台，其职员一准左台，令按察京城外文武百僚。"到了中宗以后，又改为左右御史台。"武后天授二年发十道存抚使，以右肃政御

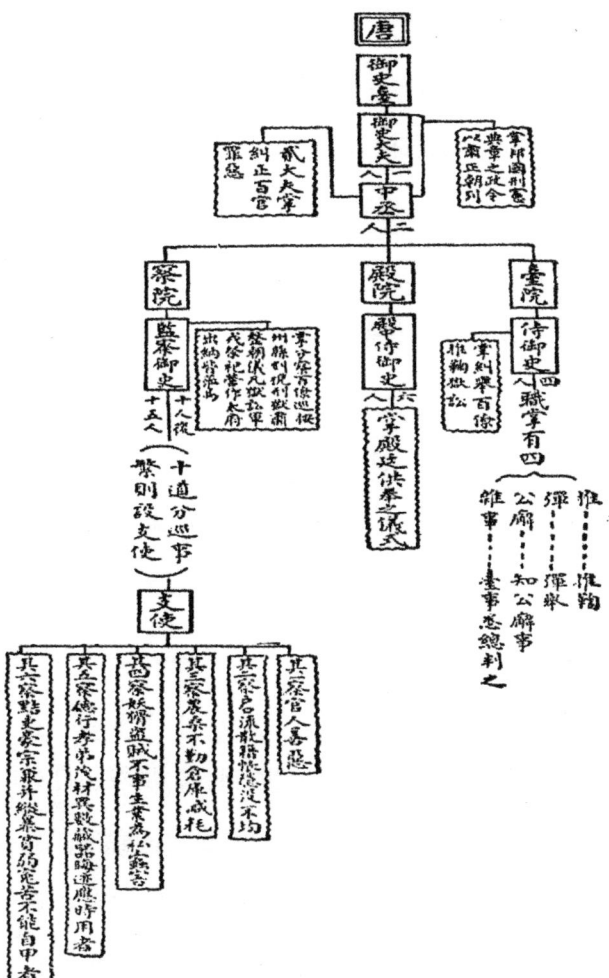

史中丞知大夫事李嗣真等为之。时分巡天下者，皆左右台官。神龙（中宗年号）二年，敕左右台内外五品以上官，识理通明无屈挠者二十人，分为十道巡察使，二周年一替，以廉按州郡。景龙（中宗年号）二年，置十道按察使，分察天下。"（《通考》卷六十一）且看李峤请每十州分置御史巡按疏上说：

> 陛下（武后）创置右台，分巡天下，自非分州统理，无由济其繁务。请大小相兼率，置御史一人，以周年为限。使其亲至属县。或入闾里，督察奸讹，观采风俗，然后可以求其实效，课其成功。

由此看来，唐以御史出外巡察州县，虽然昉自秦代的监察史，但他所行使的职务，只是御史的职务，绝不是如清代的巡抚的职务。故唐代的十道巡按御史确是明代的各省巡按御史及清代的巡察御史的渊源；此外若安抚存抚宣抚等使,方才是明清两代巡抚的渊源。至于按察使在先本为观察使,颇与明代的按察使职分相似,皆与纯粹的御史职任不同。所以唐代设立这廉按州县再周而代的十道巡察使,实在是御史制度上一个重要的新发展。

分察各部院衙门,是清代十五道监察御史的重要职权,而这种制度实在是从唐代分察制度渐渐演进而来的。唐代的分察制虽未十分发达,但是总可算是已经有个样子了。且看王应麟《玉海》说:

> 监察御史分察尚书省六司,由下第一人为始,出使亦然。兴元(德宗年号)元年,以第一人察吏部礼部,兼监察使;第二人察兵部工部,兼馆驿使;第三人察户部刑部。岁终议殿最。元和(宪宗年号)中,以新人不出使,无以观能否,乃命颛察尚书省,号六察官。开元(玄宗年号)十九年,以

监察御史二人莅太仓左藏库，其后以殿中侍御史上一人为监太仓使，第二人为监左藏库使。

从这一段记载上看来，唐代的分察，很像清代十五道监察御史分察部院衙门。而且监太仓使就是清代巡仓御史的渊源，馆驿使就是清代巡察御史兼查驿站的渊源。故唐代的分察制度发生，在御史制度的历史上的确有很可注意的价值。

再唐代京外各官多兼大夫中丞的称号，或并以中丞兼任。例如：

> 开元二十二年，置京畿采访处置使，以中丞为之。（《唐会要》）
>
> 今之制，受命临戎，无所统属者，谓之使，开元以来，其制愈重，故取御史之名而加焉。至于今若干年，其兼中丞者若干人，皆得以壮其威，张其

声，其用远矣。（柳宗元《河东集》）

大概唐代自从开元时候用中丞做采访使后，所有节度使、观察使、刺使等官，多加御史大夫或御史中丞衔。如节镇入京为本官，便叫做"知台事"（如代宗纪以浙西观察使苏州刺史御史大夫李涵知台事是）；如在外的各使而兼大夫中丞官衔者，他的幕府参佐属员，皆用御史为之，叫做"外台"。元代的行御史台的制度，是从唐代的外台制度发源而来的；而明代的总督巡抚的制度，又是从元代的行御史台的制度发源而来的（见《续通考行御史台门》）。这又是唐代的御史制在历史上有很可以令人注意的一点。

又唐代的旧制，御史可以闻风弹事，这种制度究竟是从何时而起，没有方法详考。但据洪迈《容斋随笔》说："御史许风闻论事，相承有此言，而不究所从来。以予考之，盖自晋宋以下，如北齐沈约为御史中丞，奏弹王源曰：'风闻东海王源……'苏冕《会要》云：故事：御史台无受词讼之例，有词状在门，御史采状有可弹者，即略其姓名，皆云风闻访知。其后疾恶公方者少，递相推倚，通状人壅滞。开元十四年，始定受事御史人知一日，劾状遂题告事人名，乖自古风闻之义。"从这一点上看来，御史风闻奏事，与近代检察官因直接闻见得以施行侦查处分，大致相似。但御史的风闻，范围更大，无论有无实据，或与事实相符与否，皆不深究。故这种风闻奏事的成例，实在是历代保障御史奏弹的重要方法。

此外还有一点，算是御史制度中最完善的成例：就是御史台虽然由长官总管，可是执行奏劾的职务，却是各自独立，不受长官的指挥命令。且看刘肃的《大唐新语》说：

李承嘉为御史大夫，谓诸御史曰："公等奏事须报承嘉,不然毋妄闻也。"诸御史悉不禀之。承嘉厉而复言,监察萧至忠徐进曰:"御史人君耳目,俱握雄权,岂有奏事先咨大夫?台无此例。设弹中丞大夫,岂得奉咨耶?"承嘉无以对。

大概凡是御史,都是人君的耳目,就职务说,各有专责,故萧至忠说:"故事:台官无长官。御史人君耳目,比肩事主,得自弹事。"盖唐朝的故事,侍御史以下,可与大夫抗礼,后来虽有大夫坐而受拜的事,但往往因人而起,人去便废。又《通典》说:"故事:大夫与监察竞为官政,略无承禀。"这乃是专制君主操纵臣下的巧妙法术,虽美其名曰:"水火相济,盐梅相成。"考其实,则不过想使人人互相纠举,不教一个人逃出纠察权的管束之外罢了。但单就御史制度本身说,这种各自独立行使纠察权的御史,很有点像近代各自独立行使审判权的法官,也可算是御史制度的一种特色。

然唐代御史台的故事，不但有各御史不受长官支配的成例，并且有大夫中丞不受君主随便调遣的成例。如果君主任意调遣，便可以拒绝不受。且看《大唐新语》上说：

> 宋璟则天朝以频论得失，内不能容，而惮其公正，乃勒璟往扬州推按。奏曰："臣以不才，叨居宪府，按州县乃监察御史事耳，今非意差臣，不识其所由。请不奉制。"无何复令按幽州都督屈突仲翔，璟复奏曰："御史中丞非军国大事不当出使。且仲翔所犯赃污耳。今高品有侍御史，卑品有监察御史。今勒臣，恐非陛下意，当有危臣者。请不奉制。"月余优诏，令副李峤使蜀，峤喜召璟曰："叨奉渥恩，与公同谢。"璟曰："恩制示礼数不以礼遣璟，璟不当行，谨不谢。"乃上言曰："臣以宪司，位居独坐（后汉中丞与尚书令司隶校尉朝会皆专席而坐，

京师号为三独坐，言其尊也），今陇蜀无变，不测圣意令臣副峤何也？恐乖朝廷故事，请不奉制。"

中国一切官吏，没有一个可以不听君主随便迁调，御史各官也和其他官吏一样，他的升降也并没有法律上的特别保障。但历代君主多慕不杀言官的美名，甚且很怕惹起杀戮言官的清议，御史和谏官，全靠这种习惯做保障，效力自然是非常的薄弱。然如果和其他官吏相比较，这种习惯却可算是无保障中的一点保障了。宋璟三次"不奉制"，武后也无可如何，便是这种习惯保障的效果。所以御史在唐代可以拒绝君主非法的迁调，更可以算做御史制度中的一个特色。

第四节　自五代到宋

御史各官在五代时并没有什么重大的变迁，如御史大夫、御史中丞、侍御史、殿中侍御史、监察御史、主簿等官，仍依唐朝的旧制。就是三院制也承继唐代旧制，没有变更。到了宋代，御史制度的变迁，最重要的约有三点：（一）御史大夫无正员，只为兼官；（二）御史中丞除正员外，多以他官兼权，而三院出外任风宪之职，常用他官兼领；（三）尤其重要的是以御史兼言事，开台谏合一的先例。宋代的御史制度常有变更，今据《宋史·职官志》所载如下：

> 御史台掌纠察官邪，肃正纲纪，大事则廷辨，小事则奏弹，中丞一人，为台长；侍御史一人，掌贰台政；殿中侍御史二人，掌以仪法纠百官之失；监察御史六人，掌分察六曹及百司之事；检法一人，掌检详法律；主簿一人，掌受事发辰，勾稽簿书。

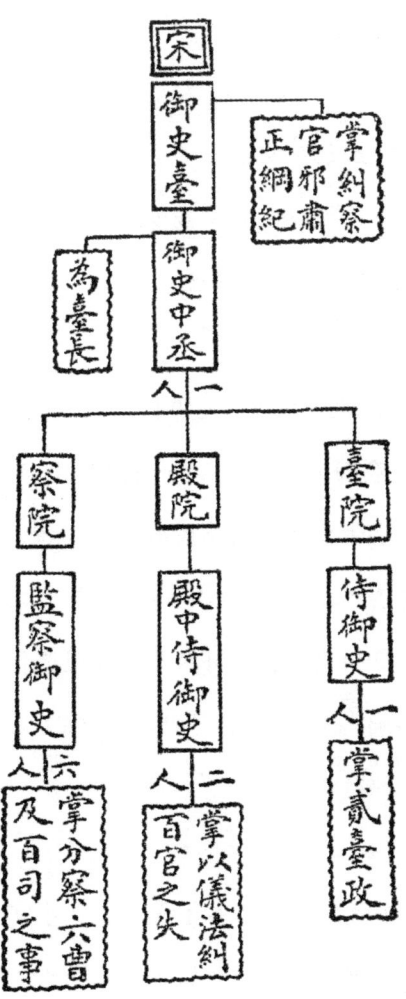

再《文献通考》说：

宋承唐制，有三院（附注：宋代三院以侍御史的班位为最高，监察御史为最卑，故御史的迁升常由监察升殿中，再由殿中升侍御史）。

现在且根据这两条列表如上。

宋朝不除御史大夫，"自国初至元丰（神宗年号）中，检校官多带宪衔，有检校御史大夫者，官制行，并院去"（《通考》）。元丰年间，变更官制，本有可以除御史大夫的机会，神宗并且想用司马光任这个官职，只因宰相蔡确、王珪反对，所以终未除人。至于不想除人的原因，照叶梦得说：

元丰既新官制，四十年间，职事官未有不经除者，惟御史大夫左右散骑常侍至今未尝除人。盖两

官为台谏之长，非宰执所利，故无有启之者。崇宁（徽宗年号）中，朱圣予为中丞，尝请除二官，竟不行。（《石林燕语》）

大概御史大夫位高望重，不除大夫，只用中丞做台长，已经于无形之中，使御史台的地位低减。但是以中丞代行大夫的职任，位虽较卑，却仍可以行使纠察的大权，于宰相仍属不便。故在神宗以前，往往连中丞缺人也不愿即补，再使那品职更卑的知杂御史独掌台务。且看李焘说：

御史台自薛奎后，中丞缺人不补，侍御史知杂事韩亿独掌台务者逾年。天圣（仁宗年号）四年，始命王臻权御史中丞。（《续资治通鉴长编》）

大概"唐世台官，虽职在抨弹，然进退从违，皆出宰相，不若今之雄紧"（《容斋随笔》）。宋朝在未改官制之先，任监察满四年而转殿中，又四年转侍御史，四年解台职，始转司封员外郎。由此可见宋代御史迁叙都有常规，不由宰相随便任免，因此，便不能不用久不除人的一法来抵制他。这是宰执官深恨御史制度的一种表现。

宋代各官多用他官兼领，御史中丞及三院御史也都是这样。故《文献通考》说：

> 宋中丞除正员外，或带他官者；尚书则曰某官兼御史中丞，丞郎则曰御史中丞兼某官，给事中谏议则曰某官权御史中丞事。……三院多出外任风宪之职，用他官领之。

又说：

宋承唐制，无大夫，以中丞为台长，无正员，以两省给谏权。……凡除中丞而官未至者，自正言而上，皆除右谏议大夫权。熙宁（神宗年号）初，言者以为躐等，乃诏以本官职兼权，熙宁五年，以知杂侍御史邓绾为中丞，初除谏议大夫，王安石言：疑近制除待制或可，乃以绾为龙图阁待制，权御史中丞。中丞不迁谏议大夫，自绾始。九年，邓润甫自正言知制诰，为中丞，以宰相属官，不可长宪府，于是复迁右谏议大夫权。元丰五年，以承议郎徐禧为知制诰，权中丞，禧言：中丞纠弹之官，赴舍人院行词，疑若未安。会官制行，罢知制诰，禧乃以本官试中丞。

由此看来，宋代的御史中丞，不但多用言官兼权，并且多用宰相的属官兼权。这样一来，便不啻于无形之中，把御史的纠弹权取消了。因为使属官去纠弹长官,势必不能做到,故以宰相的属官兼中丞,中丞的进退从违,自然都逃不出宰相的权力之外。换句话说:就是在表面上虽然仍保存中丞的名称,在实际上却不啻把中丞的纠察权根本取消了。这又是宰执官操纵御史的又一种表现。

唐代的御史和谏官本是分立的,御史不得言事,谏官也不得纠弹。就在宋初,御史和谏官也是各有职司,不相闻问的。就在真宗天禧初年,也会下诏明定御史和谏官的权限。且看《文献通考》说:

> 天禧中,两省置谏官六员,御史台中丞知杂推直外,置御史六员,并不兼领职务。……其或诏令乖当,官曹涉私,措置失宜,刑赏逾制,赋敛繁暴,狱犴稽留,并令谏官奏论,宪臣弹举。每月须一员奏事,或有急务亦许非时入对。(《谏议大夫门》)

由此可见就在天禧初年,御史和谏官的职务仍是分开的,各司各事,不能侵越权限。可是同时又置言事御史,且看《玉海》说:

> 天禧元年二月八日丁丑,始置言事御史。……庆历(仁宗年号)五年正月乙亥,以殿中梅挚监察李京并为言事御史。今中丞厅之南,有谏官御史厅,盖御史得兼谏职也。……元丰二年十一月六日,诏御史六员;三分察,三言事。……八年十月丁丑,诏监察兼言事,殿中兼察事,用吕公著刘挚之言也。

大概宋制虽然许御史兼谏官职,却不使谏官兼御史职。故神宗时,以谏议大夫赵彦若侵御史论事,左转秘书监。《容斋随笔》说:"盖许其议论,而责其弹击为非也。元祐初，孙觉为谏议大夫，是时谏官御史论事有限，毋得越职。觉请申《唐六典》及天禧诏书，凡发令造事之未便，皆得奏陈。"又孝宗淳熙十五年，依唐制，置拾遗补阙，专掌谏诤，不许纠弹。由此可见宋制使御史兼言事，虽然开台谏合一之端，可是却不许谏官行使御史的纠弹权。而且谏官仍属门下省，不属御史台，比较清代使给事中隶属都察院，将台谏两官完全混合起来，却大不相同了。但是宋代的台谏虽然没有完全合一，可是御史得在纠察非违的职权以外，还有论列时政得失的职权，也可算是御史职权的一大扩张。故宋制虽然不能算是台谏合一的制度，但至少总可算是开台谏合一之端。

此外还有一点可以使我们注意的，就是六察的制度。照谢维新《合璧事类》说：

> 唐台案有六监司，元丰二年，李定请复六察，

于是御史专领六察。元丰三年御史台言：请以吏部，及审官东西院，三班院，隶吏察；户部三司，及司农寺，隶户察；刑部，大理寺，审刑院，隶刑察；兵部，武学，隶兵察；礼祠部，太常寺，隶礼察；少府将作等，隶工察。从之。其后大正官名，……以六察官为监察御史。

这种分察制度，本发源于唐代，到了清代，御史得稽查各衙门，大概就是监察御史的旧职。故特在此处叙述一下，表明后代御史分察制的渊源。

第五节　自元到明

元朝起自北方，所有的制度，都和辽金有密切的关系。故在未述元代御史制度之先，不能不略述辽金两代的御史制度。辽南面官有御史台，有御史大夫，御史中丞和侍御史。但除侍御史外，并没有殿院的殿中侍御史，和察院的监察御史；只把三院的职事，合并起来。这也是御史制度中一大变革。至金代，御史制度大概和唐宋两代略同。且看《金史·百官志》说：

> 御史台，御史大夫从二品，掌纠察朝仪，弹劾官邪，勘鞫官府公事。御史中丞从三品，贰大夫。侍御史二员，从五品，掌奏事，判台事。治书侍御史二员，从六品，掌同侍御史。殿中侍御史二员，正七品，每遇朝对，立于龙墀之下，专劾朝者仪矩。监察御史十二员，正七品，掌纠察内外非违，刷磨诸司，察帐，并监祭礼及出使之事。典事二员，从七品，架阁库管勾一员，从八品，检法四员，从八品。

金代的御史制度不但恢复唐宋的旧制，并且他的具体的法规非常的发达,可以挽回宋代御史渐渐衰颓的趋势。金代对于御史,只有积极的强制他行使职权的法令,却没有像宋代消极的阻止他行使职权的习惯。例如金世宗大定中间,制:"纠弹之官,知有犯法而不举者,减犯人一等科之。关亲者许回避。"又令:"监察职事修举者,与迁擢;不称者,大则降罚,小则决责。仍不许去官。"宣宗贞祐年间,定监察御史黜陟格,"以所察大事至五,小事至十,为称职;数不及,且无切务者,为庸常;数内有二事不实者,为不称职"(王圻《续通考》)。兴定年间,又定《监察御史失察法》,和《监察御史违犯的决法》。此类以升迁为奖励御史的方法,以不许去官为保障御史的方法,以不得与人相见为免除御史贪缘贿赂的方法,以各种法令为敦促御史尽职的方法等,皆是积极的激劝御史行使职权的表现。元承金制,御史台中各官也很完备,且看《元史·百官志》说:

御史台大夫二员，从一品；丞二员，正二品；侍御史二员，从二品；治书侍御史二员，从二品；掌纠察百官善恶，政治得失。殿中司殿中侍御史二员，正四品。凡大朝会，百官班序，其失仪失列，则纠罚之。察院秩正七品，尽察御史三十二员，司耳目之寄，任刺举之事。

元代御史制度的特点，就在抬高御史的品位。唐代御史大夫只从三品，中丞只正五品，侍御史只从六品下。金代御史大夫只从二品，中丞只从三品，侍御史只从五品。到了元代，御史大夫升到从一品，中丞升到正二品，侍御史和治书侍御史升到从二品。即就侍御史说，唐代的侍御史虽然在殿中监察之上，宋代的侍御史虽然佐中丞，管台政，金代的侍御史虽然与治书御史同判台事，但是品位皆在从五品以下。到了元代，侍御史已经增秩到了二品，从此便成为堂上官了。三院仅存殿中察院，而殿中又只有两人，故明初便废去殿中侍御史，将纠仪的职务，归并到察院里边去，故三院制便从此告终了。这是元代御史制度变迁的重要几点。

元代虽然仍别设谏官，但是御史却承宋制，得兼言职。故《元史·张雄飞传》说："雄飞言于世祖曰：'古有御史台，为天子耳目。凡政事得失，民间疾苦，皆得言；百官奸邪不职者，即听纠劾。如此则纪纲举，天下治矣。'帝善之。"又《廉希宪传》说："立台察古制，内则弹劾奸邪，外则察视非常，访求民瘼，裨益国政，事无大于此者。"由此看来，元代的御史一方面可以建言，讨论时政得失；一方可以纠察，弹击百司邪恶。这样的职权，完全是承继宋制的。

此外元代还有一种特殊的制度，就是行御史台。行御史台分道设立，"统制各道宪司，而总诸内台"。元代这个制度，就是明代的督抚制度的渊源；故《续通考》说："若明之总督巡抚，即行御史台之职。"（《行御史台门》）因为他的职务专在统制各道宪司，究竟和内台大有差别，故《历代职官表》但把他列入督抚表内，并不列入都察院表内。

到了明代，御史台便改称都察院，御史大夫便改称都御史，中丞便改称副都御史；又佥都御史略当从前侍御史治书御史的职位。明初也会仿效唐宋辽金元各代，置御史台，设御史大夫（从一品），御史中丞（正二品），侍御史（从二品），治书侍御史（正三品），殿中侍御史（正五品），察院监察御史（正七品），等官。后来废治书及殿中等官，由监察御史摄行职务。而监察御史竟增加到一百一十人，人数之多为从古所未有。洪武中，罢御史台，置都察院。照《明史·百官志》说：

> 洪武十六年，升都察院为正三品；设左右都御史各一人，正三品；左右副都御史各一人，正四

品；左右佥都御史各二人，正五品；经历一人，正七品；知事一人，正八品。十七年，升都御史正二品，副都御史正三品，佥都御史正四品，十二道监察御史正七品。建文元年，改设都御史一人，革佥都御史。……宣德十年，始定为十三道。……十三道监察御史一百十人。浙江江西河南山东各十人，福建广东广西四川贵州各七人，陕西湖广山西各八人，云南十一人。其在外加都御史或副佥都御史衔者：有总督，有提督，有巡抚，有总督兼巡抚，提督兼巡抚，及经略总理赞理巡视抚治等员。

《续文献通考》说：

都御史职专纠劾百司，辨明冤枉，提督各道，为天子耳目风纪之司。凡大臣奸邪，小人构党作威福乱政者劾；凡百官猥茸贪冒坏官纪者劾；凡学术不正，上书陈言变乱成宪，希进用者劾。遇朝觐考察，同吏部司贤否黜陟；大狱重囚，会鞫于外朝，偕刑部大理谳平之。

十三道监察御史主察纠内外百司之官邪，或露章面劾，或封章奏劾。凡差，在内：两京刷卷，监临乡会试及武举，巡视光禄京营仓场内库皇城五城，轮值登闻鼓（后改科员）；在外：巡按，清军，提督学校，巡监茶马，巡漕，巡关，攒运印马，屯田，师行则监军纪功。各以其事专监察。而巡按则代天子巡狩，所按藩服大臣府州县官诸考察，举劾尤专。大事奏裁，小事立断。按临所至，必先审录罪囚，吊刷卷案，有故出入者理辨之。诸祭祀坛场省其墙宇，祭器。存恤孤老，巡视仓库，查算钱粮，勉励学校，表扬善类，剪除豪蠹，以正风俗，振纲纪。凡朝会纠仪，祭祀监礼。凡政事得失，军民利病，皆得直言无避。有大政集阙廷豫议焉。

由此可见御史的职权到明代已经发达到极点。大概自元代以来，中央政府也有他的三权分立制，例如元"世祖立中书省以总庶务，立枢密院以掌兵要，立御史台以纠弹百司。尝言：'中书朕左手，枢密朕右手，御史台是朕医两手的。'历世遵其道不变"（叶士奇《草木子》）。明初也用这种样式的三权分立制，故"太祖赐御史大夫汤和等曰：'国家立三大府：中书总政事，都督掌军旅，御史掌纠察，朝廷纪纲尽系于此，而台察之任尤清要。'"（《职官志》）由此看来，御史的地位，到元明两代，增加到了极高的限度，仿佛恢复了汉代的太尉丞相御史大夫的旧制。御史得到一二品的地位，总算是元明两代御史制度的特色。

到明代以后，监察御史简直得到独立的地位，不受御史大夫以下的节制。元明两代的监察御史署衔皆不用御史台或都察院三字。故陶宗仪《辍耕录》说："监察御史署衔无御史台三字，以为天子耳目之官，非御史大夫以下可制也。行台则不然。"邱濬《大学衍义补》亦说："今六部官属皆书其部，如吏部属，则曰：吏部文选清吏司，兵部属，则曰：兵部武选清吏司之类是也。唯监察御史则书其道，而不系于都察院焉。"大概到了明代，因为废去侍御史殿中侍御史治书侍御史等名衔，把那纠劾巡按照刷问拟的责任，一概委给监察御史，故监察御史职权大大的扩张。由此可见监察御史的职权扩张，乃是明代和清代御史制度的一种特色。

至于御史的选任，在明代也很设下许多限制。大概重经验，重才能，并禁止任用新进之士。"洪熙元年，谕：御史耳目之官，惟老成识治体者可任。又曰：都御史十三道之表，如廉清公正御史虽间有不才，亦当畏惮；今之不才者无畏惮矣。其咨访可任都御史者。"（《春明梦余录》）再看马文升说：

御史为朝廷耳目之官,自洪武永乐宣德年间,不分进士知县教官,皆得除授;但选之甚精,而授之不苟。至正统年间,朝廷颁降宪纲,新进士初仕,不许除授御史。至正统八年,进士复得除之。成化六年,仍遵宪纲,凡遇御史有缺,止于进士出身知县,并行人内行取。中间多有不分贤否,但资格相应,皆得授任者,所以未尽得人。乞敕吏部行移各处抚按等官,各于所属进士举人除授,到任六年以上知县内,从公推访廉慎公勤政绩昭著者,明白具奏。遇有御史员缺,吏部据此,并于考满行人博士内行取。如果六年以上知县员少,于办事二年以上进士中选取。仍照例会同本院官考选具奏除授。若所举不实,事发连坐以罪。如是则御史得人,而风纪振肃。(《明臣奏议》)

由此可见明代人希望选任御史的慎重。大概新进之人，多好以纠弹要声誉，明代御史结党营私，颠倒是非，纷纷攻讦者，不可胜数。甚至引用私人，做他自己的爪牙，渐渐发生朋党的弊病。这种重经验重才能的选任，也许是为事实所逼迫的。

再明代的都御史出使，就是清代督抚兼都御史的渊源。且看《续通志》上说：

> 明永乐十九年，遣尚书蹇义诸人巡行天下，安抚军民，名曰巡抚，事毕停遣，后定为都御史出使之职。兼军务者，加提督；有总兵者，加赞理；事重者加总督。又有经略总理整饬抚治巡治诸衔，然必以都御史任之，以便行事也。盖仿秦监郡御史，唐巡按州县御史之制，而其秩较尊，大略与元之行御史台同。

明代在巡抚之外，有巡按御史，与巡抚不相统属。

又兼多用新进好事之人，往往倚势作威，受贿不法，或干涉州县之事，任意举错。清代裁去这个官职，事权才能统一。故御史出使一制，也是明代御史制度上很重要的一点。自秦代监郡，唐代巡按，元代行御史台，经过明代巡抚，而变成清代的督抚兼都御史制。这也是研究御史制度的人所应当注意的。

第三章 给事中官职的沿革

第一节 自秦到隋

给事中一官,在清代以前,或属于集书省,或属于门下省,或独立自为一曹,皆和御史台或都察院不生关系。到了清代雍正元年,才使六科改隶都察院,把台谏两官完全合并起来。故在清代以前,给事中制度的变迁沿革,不能不和御史制度的变迁沿革分别叙述。

给事中一官,在六朝以前,大概多以名儒贵戚充任,除侍从左右,备君主顾问外,似还没有"封驳"的职掌。封驳之事究竟始于何代,很难考定。照顾炎武《日知录》说:"汉哀帝封董卓,而丞相王嘉封还诏书。后汉钟离意为尚书仆射,数封还诏书。自是封驳之事多见于史,而未以为专职也。"由此看来,王嘉封还诏书,可算是后世给事中封驳的渊源了。考给事中设为官名,大概是从秦代起的。故《晋书·职官志》说:"给事中秦官也。"但是秦汉时代虽然都有给事中的官名,可是只是加官,并无正员。给事中设为专官,大概是起于晋代。不过汉代的给事中虽然没有正员,可是他的职掌已经有做后代给事中职掌渊源的资格了。现在姑且抄出几条关于给事中的记载为证:

给事中亦加官,所加或大夫,博士,议郎,掌顾问应对,位次中常侍。(《汉书·百官公卿表》)

《汉仪注》曰:诸给事中日上朝谒,平尚书奏事,分为左右曹。以有事殿中,故曰给事中。多名儒国亲为之,掌左右顾问。(《册府元龟》)

照这样说来,给事中不过是君主的趋从左右以备顾问的近臣,和侍中给事黄门侍郎等官之侍从左右,出入禁中者,地位都很相近。汉武帝用儒者孔安国做侍中,掌唾壶,当时多以为是儒者之荣,正因为他能够陪侍左右。至于给事中也是这样。照《汉书》所载,那时曾做过给事中的,如韦贤匡衡是经学家,刘向是宗室,金敞金钦是勋戚,可见若不是名流贵戚,便很难侥幸得到这样的荣任。他们所以能够"平尚书奏事","掌顾问应对",正因为他们都是君主尊宠之人,和清代所谓"内廷行走",大致相似。后来这个官职,所以得到专掌封驳的职任,就是因此而起。故《历代职官表》说:"所掌在平尚书奏事,则后来封驳之任,亦已权舆于此矣。"(《卷十九》)

后汉到了章帝以后,把给事中废掉,到曹魏时又置给事中,但仍同汉制一样,只为加官。(《通典》说"或为正员",不确,似以从《历代职官表》为是)到了晋代,据《晋书·百官志》说:

给事中魏世复置,至晋不改,在散骑常侍下,给事黄门侍郎上。无员。

又据《唐六典》说:

晋代无加官,亦无常员。隶散骑省,位次散骑常侍。晋令云:品第五,武冠,绛朝服。

照这样看来,晋代的给事中已经无加官,而且品位已经定为第五,一定是设下正员了,故《历代职官表》说:"晋给事中设有定品,《册府元龟》载武帝授张建陈劭二诏,俱不言以某官给事中,可知并非加官。是给事中之为正员,实自晋始也。"(《卷十九》)不过晋代就官制说,自加官变成正员,可算是进步;就用人说,自名儒勋戚转移到"帝室茂亲,或贵游子弟",又可算是退步。

到了六朝,给事中的品秩和职掌更比较从前确定了。照《唐六典》说:

> 给事中宋齐隶集书省,位次诸散骑下,奉朝请上。梁陈秩六百石,品第七。

又《通典》说:

> 宋齐给事中隶集书省,梁陈亦掌献纳,省诸闻奏。

又《隋书·百官志》说:

> 梁集书省有给事中,掌侍从左右,献纳得失,省诸奏闻。文书意异者,随事为驳。陈承梁,皆循

其制官。

从上述的各条看来,给事中一职,在梁时已经有"随事为驳"的职掌,可见给事中的"封驳"的职任,实在是从梁代起的。(《通典》说"今之给事中盖因古之名用随之职",不确)可惜到南齐以来,给事中的人数既多且滥,因而不能得人,比较汉代,却是大大的退化了。

北魏有中给事中(从第五品),给事中给事(从第三品上),给事中(从第六品),及北部给事中,南部给事中,主客给事中等名称,但是史书上都没有详载他们的职掌。到了北齐,给事中不但有明定的职掌,并且有明定的员额。且看《通典》说:

北齐给事中亦隶集书省,凡六十人。

又《唐六典》说：

> 北齐集书省署给事中六十员，从第六品上。

《隋书·百官志》并详载北齐给事中的职掌，说：

> 后齐集书省掌讽议左右，从容献纳，给事中六人。（当是"六十人"之误）

由此看来，北齐的给事中已经定下额数，设为定缺，可算是给事中制度上的又一进步。

后周把给事中改为给事中士（六十人），属天官府，"掌理六经，及诸文志，给事于帝左右。其后六官之外，又别置给事中四人"（《唐六典》）。到了隋代，给事中又改名给事或给事郎，员额虽然大大的减少，可是职掌却由此渐渐的确定。且看《隋书·百官志》说：

> 高祖受命，置门下省，有给事二十人，掌部从朝直。开皇六年，吏部又别置给事郎，散官番直，常出使监检。炀帝即位，移吏部给事郎为门下之职，位次黄门下，置员四人，从五品，案读奏案。

隋制有可以令人注意的两点：（一）从前的给事中属集书省，到隋代属门下省，后世便因袭不改。（二）隋以前给事中或专事侍从，或聊备顾问，或掌理经籍，自隋承宋齐梁陈的旧制专掌"省读奏案"，便为后代抄发本章的源渊。故《历代职官表》说："今……六科职掌所沿，亦本于隋代。"就是此意。把以上各代的给事中的职掌总括起来，计有五项：（一）侍左右，备顾问；（二）献纳得失；（三）省读奏案；（四）驳正违失；（五）掌理六经文志。

第二节　自唐到宋

给事中一职,到唐宋两代,在法令上所载的职权,可算是发达到了极点。尤其是唐代重谏官,薄御史,故谏议大夫和给事中可称为侍臣,而御史却只能称为法吏。给事中在封驳外还有他种的大权,直到唐代才在法律上有确实的根据。且看《旧唐书·职官志》说:

给事中四人,掌陪侍左右,分判省事。凡百司奏钞,侍中审定,则先读而署之,以驳正违失。凡制敕宣行,大事则称扬德泽,褒美功业,覆奏而请施行;小事则署而颁之。凡国之大狱,三司详决;若刑名不当,轻重或失,则援法例退而裁之。或发驿遣使,则审其事宜与黄门侍郎给之。其缓者给传,即不应给罢之。凡文武六品以下授职官所司奏拟，则校其仕历浅深，功状殿最，访其德行，量其才艺；若官非其人，理失其事，则白侍中而退量焉。若宏文馆图书之缮写雠校，亦课而察之。凡天下冤滞未申，及官吏刻害者，必听其讼，与御史中书舍人同计其事宜而申理之。录事四人（从七品上），主事四人（从八品下），令史十一人，书令史二十二人，甲库令史七人，传制八人，亭长六人，掌固十人，修补制勅匠五人。

再看白居易《长庆集》说：

给事中之职，有制勅不便于时者，得封奏之；刑狱有未合于理者，得驳正之；天下冤滞无告者，得与御史纠理之；有司选补不当者，得与侍中裁退之。率是而行，号为称职。

《新唐书·百官志》说：

凡百司奏钞，侍中既审，则给事中驳正违失。诏勅不便者，涂窜而奏还，谓之涂归。

锡田《论军国机要朝廷大体疏》说：

臣又读唐书，见给事中得以封驳诏书，封谓封还诏书而不行，驳谓驳正诏书之所失。

由此看来，唐代的给事中职权扩张很大，可以封驳诏勅，可以驳正刑狱，可以纠理冤滞无告，可以裁退选补不当。门下省事可以由他分判；若侍中侍郎并阙，可以由他监封题给驿卷。故从职权上说，给事中一职，到唐代真可算是权力大到极点了。不过在六朝以前的给事中，天天追随左右，掌顾问应对，故常常能在诏书未曾起草之前,就可以献纳得失,驳正违误;到了隋唐时代,"给事中……皆以外庭之臣为之,并不预宫中之事"(《文献通考自序》),故只能涂窜于诏书已下之后,不能陈说于诏书未制之前。这可算是给事中一官,由宫内移到宫外及由事先谏止变成事后谏止的一大变革。但是唐制虽有这种变革,可是凡诏旨和百司的奏疏由中书宣出者,皆必先经给事中书读,然后才交到外边施行。比较清代凡重要或秘密的诏旨由军机处密行,不由给事中手中经过,却大不相同了。

五代的时候,给事中大概皆兼他官,不能专司封驳之任。故给事中的固有职权在五代时几乎停止,因此,这个制度便没有什么进步可说。到了宋代,给事中在制度上有两个重要的变迁:(一)给事中分治六房,(二)给事中升为门下后省的长官。现在且先举史志为证:

给事中四人，分治六房，掌读中外出纳，及判后省之事。若政令有失当，除授非其人，则论奏而驳正之。凡章奏日录目以进，考其稽违而纠治之。故事：诏旨皆付银台司封驳，官制行，给事中始正其职，而封驳司归门下。（《宋史·职官志》）

元丰五年四月，知谏院舒亶试给事中，自是给事始除为职事官。（《文献通考》）

元丰官制：门下增设后省，以左散骑常侍，左谏议大夫，左司谏，左正言，给事中，为门下后省，设案六。建炎（高宗年号）三年，诏谏院别置局，不隶两省。又因旧制，置门下后省，以给事中为长官，四员为额，掌封驳书读，设案四。（王应麟《玉海》）

从这几条上看来，宋初给事中几乎和五代一样，多用他官兼任，直到元丰官制施行时，给事中才有专任的官员。明代给事中分为六科治事，乃是承继宋代给事中分治六房的旧制，故这一类的变迁，在给事中制度的沿革上，含有很重要的意味。到南宋后，又设门下后省，用给事中为后省的长官，自此而后，给事中已经渐渐的进步，封成独立的一曹。后来金代废门下省，仍留给事中一官，和宋代的给事中自为后省的长官，大有因果相联的关系。故宋代给事中制度变迁的这两点，是很值得我们注意的。

宋代的谏官与台官例不相见，天禧之后，虽然设言事御史，可是谏官仍是谏官，故真宗时有令谏官奏论宪臣弹举的诏书。大概台谏两官在宋仍然分立，故谏官御史可以互相纠驳。至于给事中虽同谏议大夫，拾遗，补阙，司谏，正言等同属门下省，但他的主要职务在主封驳书读，当然和谏官不大相同。自宋代起，渐渐有嫌恶谏官的倾向，所以谏官往往不常除人。到了后来三省的制度一废，凡谏议司谏正言等官之在门下者，也因之而废。虽有谏院，也不常除官。到了明代，只存给事中一职，因把前代谏议拾遗补阙等职务，一并兼而有之。这是宋以后给事中制度和职权变迁的大概，推求原因，实在是由宋代给事中独立自为一曹的事实上发生出来的。故我们关于这一点，不能不特别的注意。

第三节　自辽金到明

到了辽金而后，谏官一职，不是名存实亡，便是名实皆废。至于给事中虽名衔未改，可是职权却常有变更。"辽南面门下省有给事中，次于散骑常侍"（王圻《续文献通考》）。金代没有门下省，因而没有主封驳的机关，故特设审官院来掌封驳。至于给事中名目虽存，实则不掌封驳的职务，不过附属于管朝会宴享的宣徽院，作为内侍转官罢了，故我们所应该注意的，只在金代废掉门下省而仍留给事中一官的一点，至于给事中的职权却是名存实亡了。

元代的给事中据《元史·百官志》说：

> 给事中秩正四品。至元六年，始置起居注，左右补阙，掌随朝省台院诸司，凡奏闻之事悉纪录之，如古左右史。十五年改升给事中兼修起居注，左右补阙改为左右侍仪奉御，兼修起居注。皇庆元年，升正三品，延祐七年，仍四品，后定置给事中兼修起居注二员，右侍仪奉御同修起居注一员，左侍仪奉御同修起居注一员。

由此看来，给事中的职掌，到元代又发生一大变迁。在唐宋两代，给事中与起居郎虽同为门下省的属官，但给事中掌封驳，起居郎掌记注，职事本是不一样的。到了金代，特别设一记注院，专掌修起居注事；而给事中虽然不掌封驳，却也不掌记注。一到元代，给事中便变成兼修起居注的官吏。名衔虽然与唐宋一样,而职掌却和唐宋大异。故就给事中本职说,也可算是名存实亡了。

但是元代的给事中虽然变成记注的官吏,可是这种职掌也却有个渊源。考宋代给事中曾掌五案:"曰上案,主宝礼及朝会所行事;曰下案,主受发文书;曰封驳案,主封驳及试吏校其功过;曰谏官案,主关报文书;曰记注案,主录起居注。"(《宋史·职官志》)由此看来,给事中主录起居注事,实在是自宋代起首的,元代不过因袭宋制罢了。但是在宋代,修起居注事不过是给事中许多职掌中的一种,在元代,则给事中乃以记注为专职,故名虽为因,而实则却是变革了。

到了明代,给事中的职掌,不但恢复唐宋的旧制,并且比较唐宋两代给事中的职掌兼要扩张。因为自明革中书省后,并把一切谏官裁去,只留给事中一官,故给事中兼掌谏议补阙拾遗的职任。这就是明代给事中职掌扩张的唯一原因。不过唐宋的给事中属于门下省，明代的给事中却独立自为一曹（洪武中虽暂属承敕监或通政司，但皆是暂时的），这又是明代的给事中渊源于宋，而和唐代不同的地方。

《明史·职官志》载给事中的官职很详，说：

> 吏户礼兵刑工六科各都给事中一人（正七品），左右给事中各一人（从七品）。给事中吏科四人，户科八人，礼科六人，兵科十人，刑科八人，工科四人（并从七品）。掌侍从规谏，补阙拾遗，稽察六部百司之事。凡制勅宣行，大事覆奏，小事署而颁之。有失，封还执奏。凡内外所上章疏下，分类抄出，参署付部，驳正其违误。
>
> 吏科：凡吏部引选，则掌科同至御前请旨；外官领文凭，皆先赴科画字；内外官考察自陈后，则与各科具奏拾遗纠其不职者。

户科：监光禄寺岁入金谷甲字等十库钱钞杂物，与各科兼莅之，皆三月而代。内外有陈乞田土隐占侵夺者，纠之。

礼部：监订礼部仪制。凡大臣曾经纠劾削夺，有玷士论者，纪录之，以核赠谥之典。

兵科：凡武臣贴黄诰勅，本科一人监视，其引选画凭之制，如吏科。

刑科：每岁二月下旬，上前一年南北罪囚之数，岁终类上一岁蔽狱之数，阅十日一上实在罪囚之数，皆凭法司移报而奏御焉。

工科：阅试军器局，同御史巡视节慎库，与各科稽查宝源局。

而主德阙违，朝政得失，百官贤佞，各科或单疏专达，或公疏联署奏闻。（虽分隶六科，其事属重大者，各科皆得通奏，但事属某科，则列某为首）凡日朝，六科轮一人立殿左右，珥笔记旨。凡题奏日附科籍，五日一送内阁，备编纂。其诸司奉旨处分事目，五日一注销，核稽缓。内官传旨必覆奏，复得旨而后行。乡试充考试，会试充同考官，殿试充受卷官。册封宗室诸藩，或告谕外国，充正副使。朝参门籍，六科轮流掌之。遇决囚，有投牒讼冤者，则判停刑，请旨。凡大事廷议，大臣廷推，大狱廷鞫，六掌科皆预焉。

从这一段话看来，明代的六科制度，在历史上可算是没有先例的特别制度。明制本多因袭元制，但是给事中在元代却不分科；宋代的给事中分治六房，虽然可算是明代六科的渊源，但是究竟是否如明代分职的详尽，史志上无从稽考。而且唐宋的给事中虽然和别的谏官同属一省，但是给事中只掌封驳，不掌其他的谏诤，职权究竟大有不同。到了明代，给事中官与职都大大的增加，给事中之上，有都给事中，有左右给事中；而都给事中为六科领袖,格外慎重选任,又可见他的职掌的尊重。至于职务的扩张,是把从前所有的谏官职掌,兼而有之,专司封驳的官吏,一变成为奏论朝政得失百官贤佞的官吏。而且六科都给事中凡章疏案牍得与部院各衙门平列,官虽很卑,职权却很重要。明代的纪纲,多靠六科维持;明代各部,又多怕"科参"的严厉。且看顾炎武说:

> 明代虽罢门下省长官,而独存六科给事中,以掌封驳之任。旨必下科,其有不便,给事中驳正到部,谓之科参。六部之官,无敢抗科参而自行者,故给事中之品卑而权特重。万历之时,九重渊默,泰昌以后,国论纷纭,而维持禁止,往往赖科参之力,今人所不知矣。(《日知录》)

在顾氏看来,明代的六科在历史上是很有价值的制度。

不过明代的六科独立,无所统属,故往往放纵自恣,干预分外的事务。例如"赵兴邦在兵科,至以红旗督战,敢干预兵事机宜,侵挠国政"(《历代职官表》),反不若御史尚受堂官的考察。而且科道两方,互相对峙,党同伐异,叠相攻击,竟没有方法去调和他们。这也是六科独立的一大弊端。清代把六科归并到都察院,大概是以明制为殷鉴了。

第四章　清代科道制的概略

把台谏完全合并起来,在六科之外,不设别种谏官,这样的制度是从清朝起首的。清初还因袭明制,六科独立,自为一署,直到雍正元年,才把六科归并到都察院,造成台谏完全合一的制度。清代都察院的职掌如下:

> 都察院专掌风宪,以整纲饬纪为职,凡政事得失,官方邪正,有关于国计民生之大利害者,皆得言之。大狱重囚,偕刑部大理寺谳之。左都御史满洲汉人各一人(从一品),左副都御史满洲汉人各二人(从三品)。右都御史,右副都御史,俱外省督抚加衔,无专职。(《皇朝文献通考》卷八十二)

吏科户科礼科兵科刑科工科掌稽察六部百司之事，凡制勒宣行，大事覆奏，小事署而颁之。如有失，封还执奏。内外章疏，分类抄集，参署付部，驳正其违误焉。（《皇朝文献通考》卷八十二）

监察御史掌纠察内外百司之官邪，在内：刷卷，巡视京营，监文武乡会试，稽察部院诸司；在外：巡盐巡漕巡仓等，及提督学政。各以其事专纠察。朝会纠仪，祭祀监礼，有大事集阙廷预议焉。

分道十有五：曰京畿，曰河南，曰江南，曰浙江，曰山西，曰山东，曰陕西，曰湖广，曰江西，曰福建，曰四川，曰广东，曰广西，曰云南，曰贵州。（《皇朝文献通》考卷八十二）

以上为都察院及科道等的职掌。此外还有科道的各差，如巡视仓库，盐课，漕运，满洲，台湾，五城的各科道，又各有专掌。现在且列表如下：

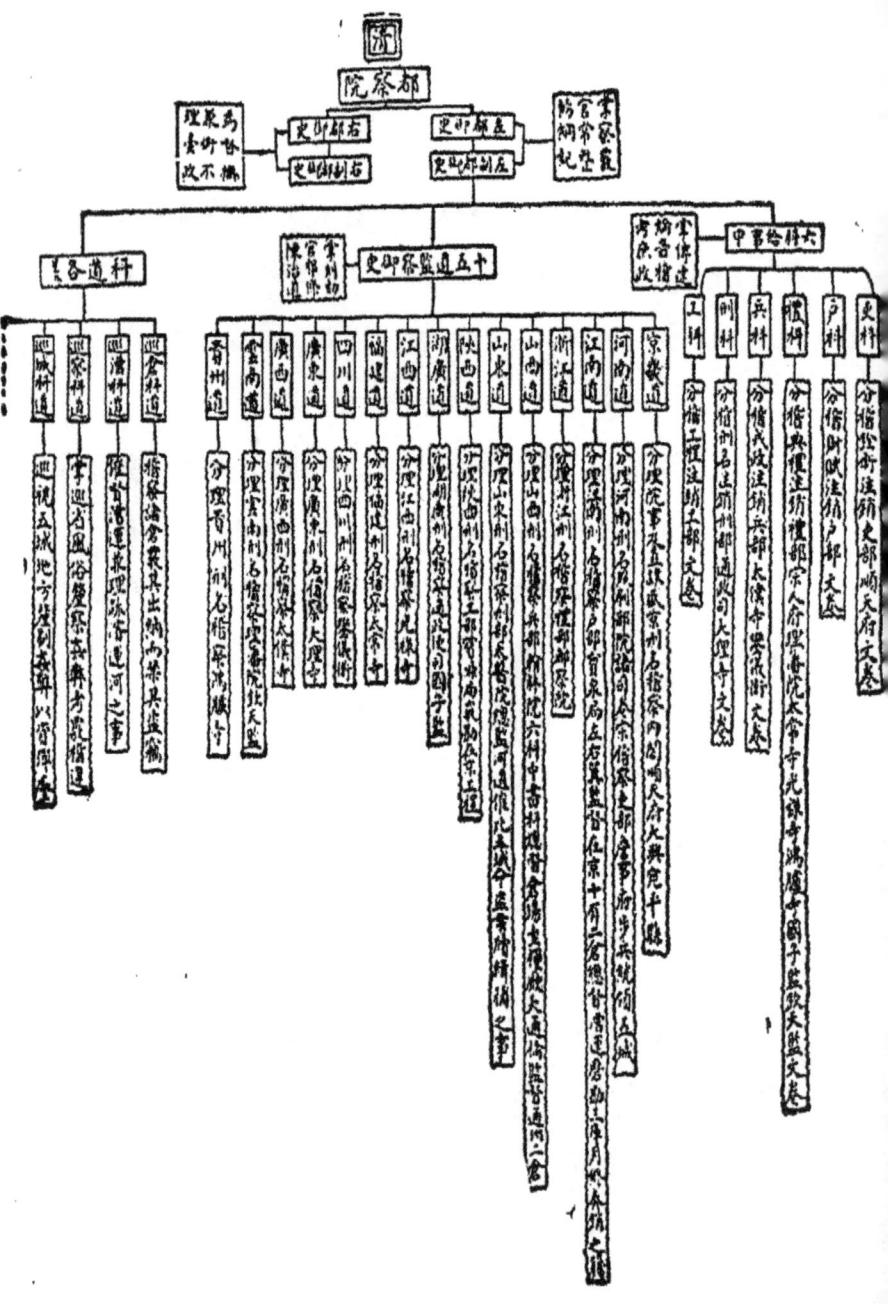

清代都察院六科十五道的职掌,大致已经在前面叙述过了,现在且把他们的职权综括起来如下:

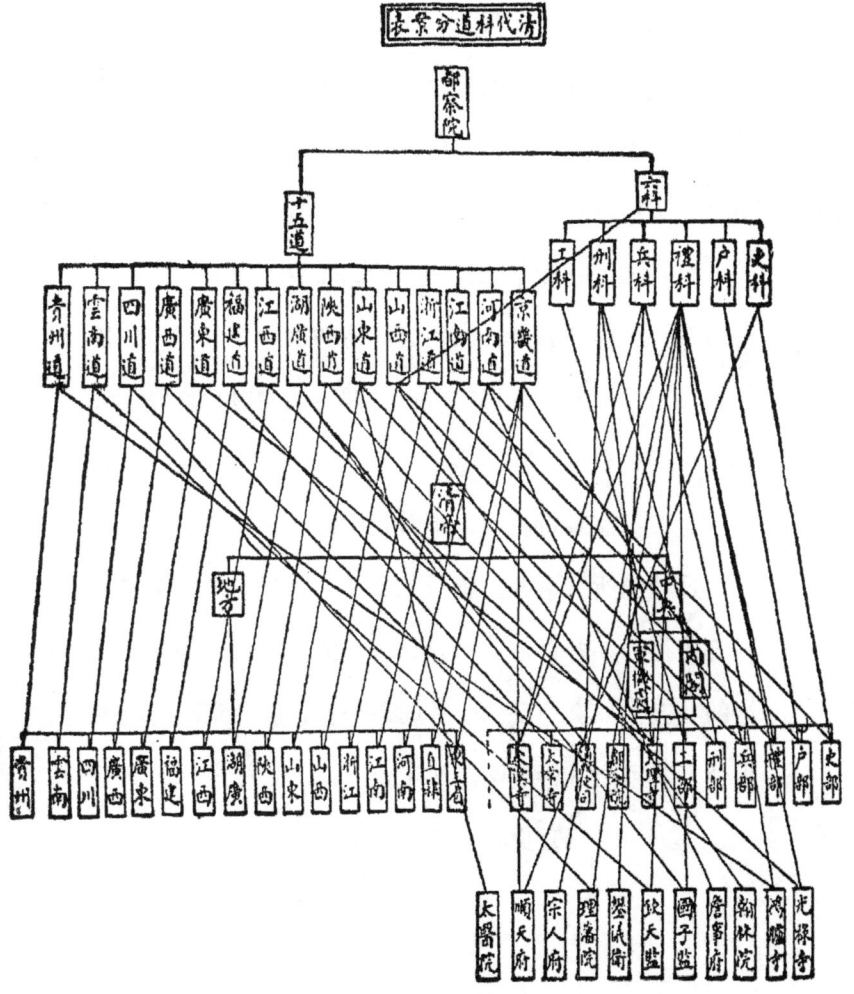

（一）建议政事权　清代承继唐宋旧制，凡左都御史左副都御史给事中监察御史都许风闻言事。旧有轮班条奏之例，凡政事得失，民生疾苦，制度利弊，风俗善恶，皆能以耳目官的资格，尽量陈奏。故顺治十年上谕："凡事关政治得失，民生休戚，大利大害，应兴应革，切实可行者，言官宜悉心条奏，直言无隐。"平时的条奏，随人各抒意见，如果遇到政事上有大阙失，便可由各道全体列名，公同封进。清初设有建白牌，由各道轮流司管，遇有可言的事件，即由司建白者具稿，会同各道御史署名奏陈。

（二）监察行政权　不管是中央官厅，或是地方官厅，凡他们所管事务的施行和成绩，皆当向都察院或各科各道报告，各科道得检查，这一的类报告，兼察视政治的状况。如有违反法令，妨碍公益，以及紊乱官纪的事情，都可由各科道奏请纠正。

（三）考察官吏权　凡"京察"由本衙门考核，填注考语事迹，造册密送吏部都察院吏科京畿道会考。至于外官"大计"，由各省督抚核实官评，分别汇题吏部会同都察院吏科京畿道详加考察，分别奏请。如课有鉴衡不公，黜陟失当，徇情滥保，姑容不职者，皆可由科道纠参。此外如吏兵等部及宗人府等衙门的议处人员，如降级罚俸等惩戒处分，亦由都察院堂官察核例案，定议具奏。

（四）弹劾官吏权　都察院虽然有监察行政考察官吏的权，但却没有指挥命令官吏的权，并且没有直接的惩罚官吏的权。故都察院监察权的行使，全靠这弹劾官吏权来做保障。弹劾不用都察院的名称，只用御史的名字，各御史皆有独立的弹劾权。因为都察院有整饬风纪的责任，故在法律问题之外，还可以管道德问题。因此不独对于百官违反法令，及妨害公益的行为，可以弹劾；就是对于官吏个人的私德私行，也可以弹劾。不但对于败坏风纪已成实事的行为，可以弹劾；就是对于风闻传说未明真相的行为，也可以弹劾。不独对于普通官吏可以弹劾，就是对于王公贝勒大臣也可以弹劾。天聪十年，上谕："凡有政事背谬，及贝勒大臣有骄肆慢上，贪酷不法，无礼妄行者，许都察院直言无隐。即所奏涉虚，亦不坐罪。"（《钦定台规》卷二）这种风闻弹劾的旧例，的确是御史的唯一保障。

（五）会谳重案权　凡犯罪至死的重狱，必定要下刑部都察院大理寺三法司会同覆核，这就是近代司法制度中的终审权。古代御史职在执法，故常常被称为法吏。清代也承认"御史理刑，是其职掌"，故"凡交三法司核拟事情，御史会同大理寺官面审同议"（《钦定台规》卷上）。至于"各省刑名事件，分道御史与掌道御史一同稽核"（《钦定台规》卷一），"若意见不符，或有两议者，应于五日内缮稿送部，一并具题。至外省会稿事件，或有另议，亦于五日内缮稿送部"（《钦定台规》卷一）。由此可见都察院随同刑部大理寺核审，虽然没有独立的裁判权，可是却能以独立的意见拟定判决书上陈君主。故都察院至少也可算是构成终审裁判机关的一个重要部分。

（六）辩明冤枉权　清代的上告，到都察院及通政使司衙门具本奏闻为止。顺治八年的上谕："自今以后，凡有奏告之人，在外者，应先于各该管司道府州县衙门控诉；若司道府州县官不与审理，应于该管总督巡抚巡按衙门控诉；若总督巡抚巡按不准，或审断冤枉，再赴都察院衙门击鼓鸣冤；都察院问果冤枉应奏闻者，不与奏闻。准赴通政使司衙门具本奏闻。在京有冤枉者，应于五城御史及顺天府宛大二县告理；若御史府县接状不准，或审断不公，再赴都察院衙门通政使司衙门具奏申告。"（《钦定台规》卷十一）又十八年都察院题准："官民有冤枉许赴院辩明，除大事奏闻外，小事立予裁断；或令行该督抚，覆审昭雪。"（《钦定台规》卷十一）由此看来，都察院乃是清代救济冤枉的上告机关，都察院处理上告案的方法有三：（一）具本奏闻，（二）咨回各该省督抚覆审，（三）径行驳斥。不过据嘉庆四年的上谕："遇有控告该省督抚贪黩不职，及关涉权要等事，或瞻徇情面，压搁不办，恐启贿嘱消弭之渐，所关非小。"（《钦定台规》卷十一）故关于这一类的上告案，一概不许"擅自驳斥"。由此可见都察院在事实上一半是救济冤狱的裁判机关，一半是行使行政裁判权的行政裁判机关。

（七）检查会计权　无论中央或地方官厅，凡经费的出纳，皆受都察院的监察，各官厅所作的会计报告，皆付都察院检查。例如户科，凡京内各衙门支领财物的册簿及捐项，皆得随时考查；京外各省的钱粮杂税漕粮盐课关税等事，有浮冒舛错蒙混的，皆得指出参劾。故都察院对于会计的审查，似乎比近代审计院的权限还大。

（八）封驳诏书权　六科对于本章诏旨的封还驳

正权,早定于顺治初年。就是"凡部院督抚本章已经奉旨,如确有未便施行之处,许该科封还执奏;如内阁票签批本错误,及部院督抚本内事理未协,并听驳正"(《钦定台规》卷十二)。这就是自梁陈以来,历代给事中所有的驳正违失权。清代凡中央或地方官厅的本章,先经内阁阅看,附以意见,送到军机处,军机大臣在御前会议,决定后乃下上谕。上谕下即由给事中赴内阁取领,分发各科。如果科员确实认定该上谕未便施行,即可说明理由,封还军机处,这就叫做封驳。唐代的给事中可以涂窜诏勅,或就勅尾批却之,封还与驳正并用。到了清代,对于上谕只能封还,惟对于本章才可以驳正。故就法令说,六科对于君主的诏书,严格说起来,只有封而无驳了。

(九)注销案卷权 顺治十八年的上谕:"各部事务虽巨细不同,于国政民情均有关系,理宜速结。今各部一切奉旨事件,及科抄,俱定有限期,六科按月察核注销。其余不系奉旨事件及无科抄者，若不专令稽察。必致稽迟。除刑部已差科员稽察外，吏户礼兵工五部亦应照刑部例，各差科臣一员，不时稽察。如有迁延迟误事件，即行参奏。"（《钦定规台》卷十二）此外如顺天府宗人府理藩院等各衙门的文卷，也一律分科稽核，依限注销。如有逾限不结的事件，听各科指参。这种注销权后来虽然变成虚应故事，但是对于执行的监督，总算以这个方法为最周密了。

（十）监察礼仪权　自汉代用御史纠仪而后，历唐宋到明清，监察朝仪的职掌或归殿中侍御史，或归监察御史。清代的朝会，必由御史稽察朝仪，遇有紊越班行，言语喧哗，威仪不肃者，皆可弹劾。至举行祭祀临雍各种典礼，也由御史稽察违失，肃正礼仪。这也是在专制的时代，维持君主尊严的一种重要的方法。

从上边所述的各种职权看来，科道乃是专制君主的耳目喉舌，他的职掌是非常的重要。大概专制的朝廷，政治组织的根本原理,就在以上制下,以内制外。御史制度不但是以上制下、以内制外的最好的方法,并且是政权出自一人的专制制度的最真实的表现。

第五章　结论

大概只要是专制政治，万权总是自上而下的，绝不许有自下而上的监督权发生。凡是民治的国家，总由人民去监督政府和官吏，故治事之官多，治官之官少。凡是君治的国家，总只许君主一人有监督内外百官的大权，故治事之官少，治官之官多。中国的政论家，大概都承州县知事是亲民之官，换句话说，就是治事之官。可是从州县知事朝上数，知府和直隶州知州是监督官，道台是监督官，藩臬是监督官，督抚是监督官；而督抚之上，除君主外，还有许多互相牵制互相纠察的官吏。简单一句话，自直隶州知州和知府而上，一直数到君主，大都是治官之官，而都察院尤其是专以治官做职掌的。故民治的国家，虽然明明白白的知道代议制的坏处，可是总没有完善的方法用来代替代议制，反过来说，如中国从前那样的专制国家，也无论怎样发现出来科道制的弊害，但总没有别的完善的方法，可以用来代替科道制。我们现在可以武断的说一句话：就是代议制是目前民治国家的唯一制度，科道制是从前专制国家的唯一制度。

科道在清代以前，不但机关分立，并且职权也绝不一样，就法令说：给事中掌宣行制敕，故居于内；御史掌纠弹百官，故居于外。给事中所以监督朝廷；御史所以监督官吏。一是纠正于法令未布之先；一是纠正于败坏已成之后。就在清代，科道虽然合一，但是六科分察京内各部院的文书；十五道除稽察京内各部院事务外，还分理京外各省的刑名。一似偏重在纠正君主的违失，一似偏重在纠正百官的违失。故科道的职权，在法令上仍然是分立的。不过自唐代重谏官之后，到了宋元各代，或谏官多不除人，或并谏官一概裁去。虽然仍慕盛代多设谏官的美名，勉强把给事中一官留下，可是却不想给给事中以谏诤的职权。明代所谓科参，乃是参六部，并不是驳君主。到了清代，六科既已附属于都察院之后，事实上便成察变官，就是名义上有言责，也不能实行。故清代的实例，往往科中只留一人，虚应抄发本章的故事，其余的科员多同御史一并出差。例如城仓漕盐等差，科道一并充任，出差人多，留科人少，乃是数见不鲜的故事。最大的原因，就因为在君主专制的朝廷，只愿科道察臣下，绝不愿科道察君主自身。自雍正以后，上谕或由军机处密下，或由内阁直达各部。故名义上虽有给事中一职，而事实上给事中简直无事可做；他们既然无事可做，便不得不借口科道合一，以言官去做察官的事务了。

清代自科道合一而后，六科几乎等于裁撤，且看乾隆十一年曹一士《请复六科旧制疏》说：

《会典》开载：凡内阁交出密本，由各该科挂号，即将原封送各该部，取职名附簿备查。是从前密本未有从内阁径下者，即前代中书门下两省更互校验之意也。今臣到任以来，所发见各科本章，只有红本，而密本并未一见。至皇上谕旨径由内阁发部者，臣等迟至浃旬，始得从邸抄一读。如此则虽欲有所论列，或已无及于事，似非设立科臣之初旨也。（《皇朝掌故汇编》内编卷一）

再看光绪年间，蔡镇藩请《审官定职疏》说：

今事或由廷寄，或由阁抄，其下科者：皆系循例奏报，无所用其参驳。虽察六部，只按月由部赴科注销而已。（《皇朝掌故汇编》内编卷一）

这就是清代的六科失掉封驳的职掌，至于无事可办,不得不和御史做同样事务的明证。历代的君主,大多数嫌恶言官,对于谏官或缺出而不除人,或并谏官而不设,或勉强在名义上设几个谏官,在事实上却不愿他们尽职。自宋以后,虽也许御史兼言事,但是如果直言君主自身的阙失,总是无效的多,有效的少。故近代的台谏实际上都变成察官之官,这就是台谏不得不合一的原因。

在现在的民治国家中,代议制虽然可以任人尽量的反对,可是民治的原理——就是由人民管理政府监督官吏的原理,总是反对不掉的。如果民治的原理无法可以根本推翻,那么,自上而下的监察制便根本上没有可以存在的余地。再在现在的分权国家中,联邦制虽然也尽可以任人反对,可是政治分工的原理——就是地方自治行业自治的原理,总是反对不掉的。如果政治分工的原理无法可以根本推翻,那么,由内制外的监察制也根本上没有存在的可能。我们也承认现在无论那一国都没有把科道的职权完全废掉，可是我们同时又承认现在无论哪一国总不能把科道的职权通同集中在某一个由政府任命的机关。

中国人现在，可以说有大多数人痛心疾首的咒骂代议制，但是平心而论，民国十四年来可有一件事是因为实行代议制而失败的？我敢断言：中国代议制的失败，只是没有真正实行代议制的结果，并不是真正实行代议制的结果。换句话说，正因为代议士受政府威迫利诱而失败，并不是因为代议士受人民支配操纵而失败。现在想废掉那受政府威迫利诱的代议制，而代以仍然免不掉受政府威迫利诱的科道制，可不是以害易害吗？大家因为深恨议员万能的弊害，便忘却了御史万能的弊害；因为深恨议员结党营私依附权势的弊害，便忘却了御史结党营私依附权势的弊害。可是议员的行动或多是党派的行动，一个人往往未必能任意的为非作恶；至于御史的行动多是个人的行动，故一个人往往可以任意的横行无忌。故国会固然一方面可以牵制住少数的好人，使他们不能发挥个性；可是同时又可以牵制住少数的坏人，使他们不能自由作恶。反过来说，御史制度固然可以使一个好人独立的行使监察权；可是同时又何尝不能使一个坏人独立的妄用监察权呢！

中国的政治紊乱，并不是因为各种监察权没有机关行使，只因为各机关法律上有监察权，事实上不能行使监察权。照上边所列举的科道职权，除掉极少数的职权没有行使的必要外，其余的职权大概都分散在各种不同的机关。例如建议政事，监察行政，弹劾官吏各权，都分配在国会。官吏的考绩权，如京察大计等，都分配在各种监督官厅；关于铨选叙任的考核权，都分配在铨叙局；官吏的惩戒处分决定权，都分配在惩戒委员会。关于刑事案的终审权分配在大理院；检举权分配在检察厅；判断违法不公的救济权又分配在各级审判厅。检查会计乃是审计院的专责，封驳诏书很有些像国务员的拒绝附署，又是阁员的责任。至于辩明冤枉权中，有一部分是关于行政处分的违法或不公的救济，现在的平政院专管行政裁判，就是属于这一类。文卷的注销权虽然没有专管的官厅，但是上级官厅的核销，与六科但在文书上察核，相去也不甚远。民治的国家，不尚严肃繁重的典礼，故纠仪监礼等权，早已根本上不能存在，就是现在要想恢复科道制，也当然没有恢复这种职权的余地了。故为目前的中国计，关于这一点，只须抬高或改善行使监察权机关的地位和组织，似不必另起炉灶的重新创造新机关。

中国内阁制度的沿革

自序

我于民国十四年十月间,曾写成一本《中国御史制度的沿革》,由商务印书馆收入《国学小丛书》中,已于十五年六月出版。这一本《中国内阁制度的沿革》,是十五年一月写成的,曾在北京大学《社会科学季刊》上发表过。因为这两种小品,体裁大致一样,都是从历史上和法制上去研究中国的政治制度,作成一个有系统的叙述。所采取的材料虽然不甚完全,但是变迁沿革的概要,却已详叙无遗。或者可供研究这个问题的人一点半点参考,也未可知。因北京大学《社会科学季刊》销行不多,传布不能普遍,故再交给商务印书馆,收入《国学小丛书》。兹当付印之初,记其颠末如此。

中华民国十七年三月二十日高一涵识

第一章　导言

中国古代并没有内阁的名称，凡国家大政均归宰相掌管，直到明代成祖的时候，才创下这内阁的名号。但是秦汉诸朝的宰相，和明清两朝的内阁，虽然都是君主的辅弼，但宰相事无不统很和近代欧洲各国的内阁职掌相似，而明清的内阁，专司票拟，却和近代许多机关中秘书厅的职掌相似。因为秦汉的宰相，辅助天子，赞理万机，自钱谷兵刑以至长吏的迁除，皆归宰相综核，六曹百官皆归宰相统率。到了明洪武年间，废除宰相制度，把国务分归六部管理，内阁的阁员只备顾问，重大的职掌在司票拟，仿佛如知制诰的翰林。由此看来，当那没有内阁制度的时代，倒反有实行内阁职权的宰相；到了有内阁制度的时代，却只有起草文书的秘书厅。故明清两代内阁的职掌,不但与近代立宪国家的内阁的职掌不同,并且与中国古代的宰相的职掌也不同。简单的说,没有内阁名号的时代,反有事实上的内阁,有了内阁名号的时代,反只有名义上的内阁。这是中国内阁制度的一种特色。

中国的中枢之任,既不必一定要由法定机构执掌,也不必一定要由法定官吏执行,究竟谁秉国钧,可由君主随时决定。往往行使宰相实权的,不一定要居宰相的官位;居宰相官位的,又不一定能行使宰相的实权。例如汉代以三公为宰相,至后汉三公虽在,但尚书却实行宰相的职权;至曹魏以后,三公更变成具员,而宰相的实权又归中书监令。唐初以尚书中书门下三省为政治中枢,后来各省长官如不带"同中书门下三品"或"同平章事"的头衔,便成为本省的事务官,一概不得预闻机密。至于"知政事""参议朝政""参预朝政""参知政事""参知机务"等官,就是不为三省长官,却反可以任宰相之任。再如明代的内阁，起初不过办理制诰等事，到了仁宣以后，大学士往往因为得到保傅的荣任，地位越高，阁权越大，君主反而言听计从。由此看来，中国的内阁既没有一定的组织，也没有一定的职权，有时可以把内阁的职务委托那非阁员执掌，有时又可以因为人的关系，把阁权随便缩小或扩张。这样无定制无定员无定职的中枢制度，又可算是中国内阁的一种特色。

近代各国的内阁地位和职权固然是各有不同，可是最不同的，要算是英美两国。英国的君主在事实上并不是行政元首，事实上的行政元首便是内阁总理。美国的内阁只算大总统的仆役，故内阁的行为，从法律上说，皆是大总统的行为。因此，英国的君主事实上有服从内阁的习惯，美国的内阁却有服从大总统的义务。中国无论是宰相，是内阁，皆不过是君主的仆役，皆一概服从君主。就这一点说，中国的内阁地位和权限与美国相似,与英国的内阁在实际上为行政元首者不同。美国的阁员由大总统任免,阁员"除与大总统会议机密外,与他官吏无异"(注一)。中国的阁员任免权也由君主自由行使,宰相或阁员除参预机密外,也和他种官吏一样。丞相的名称始于秦代,应劭说:"丞者承也,相者助也。"《通典》亦说:"相国丞相皆秦官,掌丞天子,助理万机。"由此可见中国的宰相或阁员都不过是天子的仆役,他们所做的行政事务都是天子的行政事务,不是自己的行政事务,因此,便不能像英国的阁员享有特殊的地位。

再英国的内阁为合议制的团体,阁员对于政策负有连带的责任。"美国政府无全体之行动,其实则美国政府本无所谓全体,各自隶属于大总统之下,人人对于大总统负责任,内阁员与内阁员之间无共同之政略,亦不负连带之责任。"(注二)中国的宰相或大学士也和美国的阁员一样,有时几个人同为宰相或大学士,这几个人都是各自独立的,各以独立的见解辅助君主,绝不负什么连带的责任。虽然在汉代以后,国家有大造大疑,由三公通而论之,国家有过事,由三公通谏争之(注三);明清两代,国家有大事,交内阁九卿会议;可是三公或阁员不一定要一致的议决,仍然可以独立的意见上奏。就是首相,也没有统一全体阁员意见的责任,因此,也没有连带辞职的必要。就这一点说,中国的内阁,又很和美国的内阁相似。

凡是行内阁制的国家,总把阁员的行为看作自己的行为,并不把他看作君主或大总统的行为。因此,内阁对于职权的行使,负有无条件的责任。又因为内阁负有无条件的责任,所以对于君主或大总统的违法的或不利益的命令,可以拒绝执行或拒绝副署。中国的宰相或大学士只是君主的辅弼,甚至于只备君主的顾问,所有行为都是君主的行为,故充其量只可以"献替可否,奉承规诲"(注四),在法律上绝没有拒绝执行或拒绝副署的特权。近代立宪国家，凡君主或大总统的行为如果不经阁员参与，便不能发生效力；中国的阁员行为因为皆是君主的行为，所以没有这一层的限制。因为这样，所以立宪国家的阁员只是对于自己行为不行为负责，并不是代人负责；中国的阁员本来只是君主的仆役，如果负责，便是代君主负责，并不是对于自己行为不行为负责，因为他们自己没有独立的行为不行为的特权。

再近代的阁议多属公开性质；中国阁员的参赞机密事务，多属秘密性质。因此，凡是宰相，特殊的职务就在参预机密，反过来说，凡是参预机密的官员，皆可以称为宰相。后汉时尚书掌机衡之任，故尚书变成宰相；曹魏时中书监令预闻机密，故中书监令变成宰相；元魏时使门下省的侍中掌枢密之任，故侍中变成宰相。清代当西北用兵时，怕内阁泄漏机密，特设军需房，后来改为军机处，专办机密事件，故军机处又变成真正的内阁。由此看来，中国的内阁乃是参与机要的一种秘密机关。

把上述的各点综括起来，可以说中国的内阁乃是受君主随意委任，秘密帮助君主做事，专对于君主负责的顾问的或辅弼的机关。再专就明清两代的内阁说，中国的内阁乃是点检题奏，票拟批答，起草诏令，兼备咨询的秘书厅。

本篇以叙述民国以前的内阁制度为限，民国的内阁制度是摹仿欧洲的，和中国旧有的内阁制度没有什么沿革的关系。可是要想叙述明清两代的内阁制度，便不得不先叙述明代以前的宰相制度；要想叙述明代以前的宰相制度，便不得不划分时代。现在且把他分作四期叙述，自秦到六朝为一期，自隋到宋为一期，自金到元为一期，自明到清为一期，前三期是行宰相制度或省的制度的时代，后一期是行内阁制度的时代。

(注一)蒲徕士《平民政治》第九章

(注二)蒲徕士《平民政治》第九章

(注三)《后汉书·百官志》

(注四)《明史·职官志》

第二章　自秦到六朝的宰相制度

三代时候，已经有"相"的名称，例如《晋书·职官志》说："成汤居亳，初置二相，以伊尹仲虺为之。"又《尚书·说命》说："爰立作相，王置诸其左右。"皆是。但据《历代职官表》说："三代置相，虽本左右辅相之义，非设有是官。"可见设相为官，乃是秦代的事。且看《史记·秦本纪》说：

> 武王二年，初置丞相，樗里疾甘茂为左右丞相。

杜佑《通典》也说：

始皇尊立吕不韦为相国，则相国丞相皆秦官也。金印紫绶。掌丞天子，助理万几。

由此看来，相国在秦代是最尊重的官位，班次在丞相之上；到了汉代，相国和丞相通同是一样的官职，所以有时置相国便不置丞相，或置丞相便不置相国。自成帝以后，退立三公，分行丞相的职权，于是三公皆变成宰相。且看《通典》说：

成帝绥和元年，御史大夫何武建言，古者民谨事约，国之辅佐，必得圣贤，然犹则天三光，备三公官，各有分职。今末俗之弊，政事烦多，宰相之才，不能及古，而今丞相独兼三公之事，所以大化久未洽也。宜建三公官，定卿大夫之任，分职授政，以考功效。于是上拜曲阳侯王根为大司马，而何武自御史大夫改为大司空，皆金印紫绶，比丞相，则三公俱为宰相。

经过这一次改革，不但把宰相的人数加多，并且把宰相的职掌分开，使他们各有各的专职。古代称"三公论道经邦，变理阴阳"（注一），可见三公并没有专职。故《通典》又说："三公无官，参职天子，何官之称。"就是汉初的丞相，也是没有专职的，且看《史记·陈丞相世家》上说：

> 孝文皇帝问右丞相勃曰："天下一岁决狱几何"勃谢曰："不知。"问："天下一岁钱谷出入几何？"勃又谢不知，汗出沾背，愧不能对。于是上亦问左丞相平，平曰："有主者。"上曰："主者谓谁？"平曰："陛下即问决狱，责廷尉；问钱谷，责治粟内史。"上曰："苟各有主者，而君所主者何事也？"平曰："宰相者上佐天子理阴阳，

顺四时，下育万物之宜，外镇抚四夷诸侯，内亲附百姓，使卿大夫各得任其职焉。"

由此可见秦汉的宰相，事无不统，并不专司一职，只是政务官，不同时兼做事务官。至后汉太尉（即大司马）司徒司空才各有分职，且看《后汉书·百官志》上说：

> 太尉公一人，掌四方兵事，功课，岁尽即奏其殿最而行赏罚。凡郊祀之事，掌亚献。凡国有大造大疑，则与司徒司空通而论之；国有过事，则与二公通谏争之。
>
> 司徒公一人，掌人民事，凡教民孝悌逊顺谦俭养生送死之事，则议其制，建其度。凡四方民事功课，岁尽则奏其殿最而行赏罚。凡郊祀之事，掌省牲，视濯。凡国有大疑大事，与太尉同。

司空公一人，掌水土事，凡营城起邑，浚沟洫，修坟防之事，则议其利，建其功。凡四方水土功课，岁尽则奏其殿最而行赏罚。凡郊祀之事，掌扫除乐器。凡国有大造大疑，谏争与太尉同。

大概宰相制度到了后汉，很有一点和近代的内阁制度相似，就是一方面分管国政，一方面又合议国政，几乎和近代的国务员同时兼各部总长相仿佛。三公通论大造大疑，可当得近代的国务会议，谏争过事，可当得近代的拒绝副署，不过在法律上的效果不同罢了。自汉代以后，无论宰相制度怎样变更，但六曹总归宰相统率；自兵刑钱谷以至长吏迁除，皆由宰相总辖。到了唐代，尚书都省之左右司，宋代中书门下之八房五房，亦皆总管庶务。由此可见从前汉到后汉，宰相所管的职务，已经有这样的变迁了。

自光武以后，政事又不任三公，尽归尚书管理，且

看《后汉书·仲长统传》说:

> 光武矫枉过直,政不任下,虽置三公,事归台阁(章怀太子注:台阁谓尚书也)。自此以来,三公之官,备员而已。

但是光武以后,虽然把政权交给尚书,却没有尽夺三公的职权。故马端临《文献通考》说:"自后汉时虽置三公,而事归台阁,尚书始为机衡之任,然当时尚书不过预闻国政,未尝尽夺三公之权也。"(注二)自明帝有录尚书事的制度,三公才不预事;故凡做三公的,如果不录尚书事,便不得预闻国政。此后,杨秉劾侯览,尚书说他越奏,于是三公才不得劾近臣;吕强请选举但任尚书,于是三公才不预闻选事。所以自后汉而后,尚书便变成"总典纪纲,无所不统"(注三),"出纳王命,敷奏万几"(注四),"政令之所由宣,选举之所由定，罪赏之所由正，……内外所折衷，远近所禀仰"（注五）的中枢机关了。

自魏文帝后，又设下中书监和中书令，并管机密事务，此后中书又变成政治中枢，这时的尚书令和中书监，如荀彧、荀攸、华歆、刘放、孙资等，皆是曹氏的私人，如贾充、荀勖、钟会等，皆是司马氏的私人，因亲信而掌机密，因掌机密而夺取相权；而三公却是一班"备员高位，畏权远势之人"（注六），故政权渐为中书一省所独揽。到六朝时代，门下省的侍中又掌诏令机密；后魏时"犹重门下官，多以侍中辅政，则侍中为枢密之任"（注七）。王应麟《玉海》说：

> 政归尚书，汉事也；归中书，魏事也；元魏时，归门下，世谓侍中黄门为小宰相。

到了后周，仿照《周礼》设官，故以大冢宰为丞相之任。"大冢宰卿一人,掌邦治,以建邦之六典,佐皇帝治邦国。"(注八)我们现在且把这一个时期的宰相制度综括起来说,就是秦汉以相国丞相或三公掌内阁的职务;后汉以尚书掌内阁的职务;魏晋以中书掌内阁的职务;后魏以门下掌内阁的职务;后周以大冢宰掌内阁的职务。这是第一期宰相制度的变迁。

(注一)《尚书·周官》

(注二)《文献通考·职官考》三

(注三)《永乐大典》

(注四)欧阳询《艺文类聚》

(注五)《文献通考·尚书令》门

(注六)《文献通考·职官考》三

(注七)《文献通考·职官考》三

(注八)《太平御览》

第三章　自隋到宋的三省制度

大概自后汉到后周，这一个时代是三省（尚书，中书，门下）迭掌宰相的职权；自隋到宋，这一个时代是三省同掌宰相的职权；自元到明初，这一个时代是中书一省独掌宰相的职权。从隋代起，尚书门下内史（即中书）三省就同行宰相之职。隋代的中央政府的组织如下：

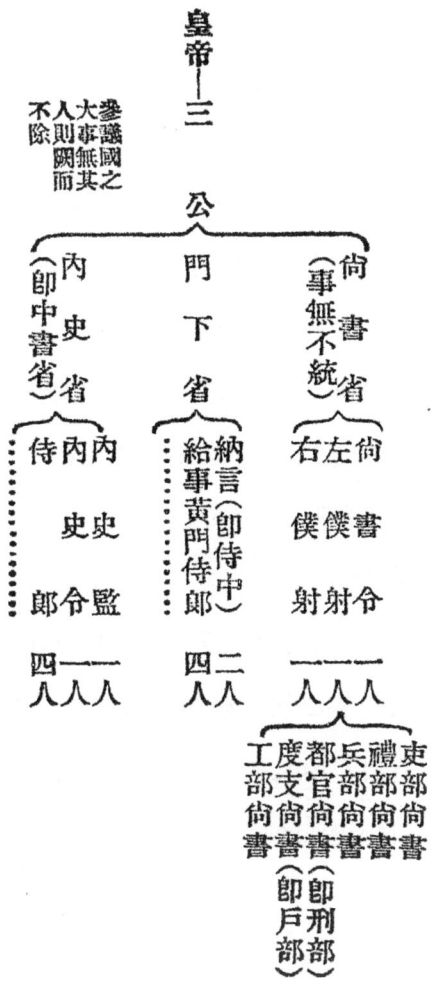

《通典》说:"隋有内史纳言（即中书令侍中），是为宰相,亦有他官参与焉。柳述为兵部尚书,参掌机事；又杨素为右仆射,与高颎专掌朝政。"（注一）由此看来,隋代虽然官制上有三公,但是因为官高不曾除人,故政治的中枢在内史和纳言；可是尚书令权最大,事无不统,当然又是政治的中枢。故隋代一方面已经以三省同掌宰相的职掌,一方面又以他官兼掌宰相之任（如柳述杨素等是）,唐代三省同为宰相,及以他官同平章事,大概都是取法隋制的。

唐代沿袭隋制,以三省同掌宰相的职权,尚书曰都省,门下为左省,中书为右省；尚书省总理众务,统率百官,门下省出纳帝命,规驳非违,中书省献纳制册,敷扬宣劳。凡有军国大事,中书出命,门下封驳,尚书施行。现在且把唐代的三省制度列表如下：

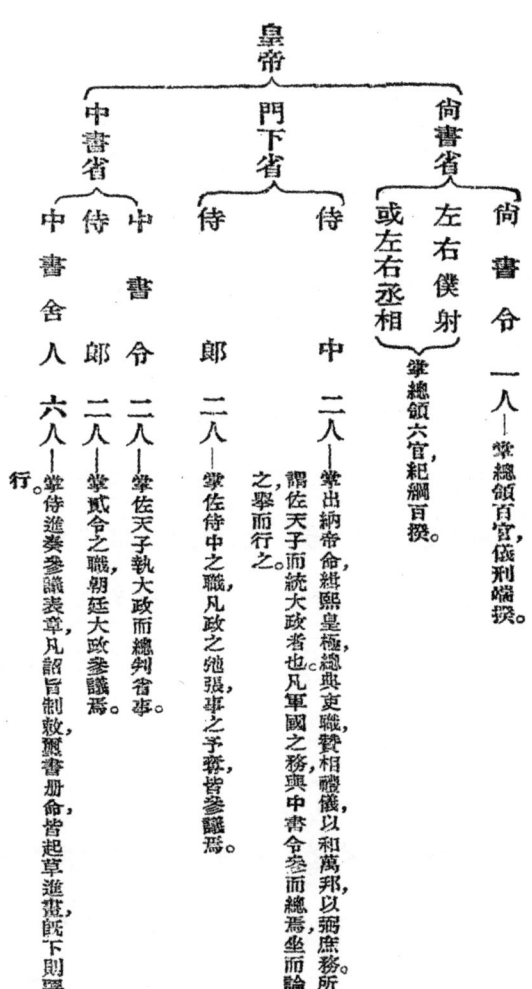

《新唐书·百官志》说：

唐因隋制，以三省之长中书令侍中尚书令共议国政，此宰相之职也。其后以太宗尝为尚书令，臣下避不敢居其职，由是仆射为尚书省长官，与侍中中书令号为宰相。其品位既崇，不欲轻以授人，故当以他官居宰相职，而假以他名。自太宗时，杜淹以吏部尚书参议朝政，魏征以秘书监参预朝政，其后或曰参议得失，参知政事之类，其名非一，皆宰相职也。

又《通典》说：

唐侍中中书令是真宰相，其余以他官参掌者无定员，但加同中书门下三品，及平章事知政事，参知机务，参与政事，及平章军国重事之名者，并为宰相，亦汉行丞相事之例也。

大概唐以三省为政府，故仆射侍中中书令三官，一方面共议国政，为国务员，一方面管理省事，为一省的长官；后来以他官做国务员，凡是三省长官不带同平章事的官衔的，皆不过参预省事，为本省的事务官。三省的职掌虽各有不同，但遇有军国大事，一定要共同合议，仿佛与近代的国务会议相同。而门下省独掌封驳，遇到君主有违法的或不利益的命令，可以封还或批驳，和近代国务员的拒绝执行或拒绝副署权几乎相等。这是唐代的三省制和近代的内阁制相似之点。

再唐代的制度凡宰相皆兼馆职，照宋敏求《春明退朝录》说：

> 唐制宰相四人，首相为太清宫使，次三相皆带馆职，宏文馆大学士，监修国史，集贤殿大学士，

以此为次序。

自唐代以宰相兼领馆职以后，历宋代到明清，皆以阁员兼领馆事，故内阁兼领馆职，实在是从唐代起的。

宋代自元丰以前，皆因袭唐制，以平章事为真宰相，以参知政事为副相。不过宋代的宰相制度屡次变更，初年以同平章事为宰相，神宗元丰年间以左右仆射为宰相，徽宗政和年间以太宰少宰为宰相，钦宗靖康年间又以左右仆射为宰相，孝宗乾道年间又以左右丞相为宰相，自此以后，终宋代不曾再改。宋代虽然以三省同掌国政，但三省的职权在法律上分得很明白。就是中书省取旨，门下省覆议，尚书省施行。且看彭百川《太平治迹统类》说：

> 元丰五年六月，诏自今事不以大小，并中书省取旨，门下省覆奏，尚书省施行。三省同得旨，更

不带三省字行出。辅臣有言中书独取旨,事体太重,上曰:"三省体均,中书揆而议之,门下审而覆之,尚书承而行之,苟有不当,自可论奏。"先是虽沿三省之名,而莫究分省建官之意,各得取旨,纷然无统,至是上一言遂定。

由此可见到了宋代,中书单独取旨,与君主直接的机会独多,故中书省的地位独重。自此而后,中书的权限独专,他相半成具员,"而门下尚书之官为首相者,不复与朝廷议论"。故"元祐初,司马光乃请令三省合班奏事,分省治事"(注二)。由此可知宋代名义上虽说三省分治国政,事实上却仍是一省专政。至蔡确为中书侍郎,执中书造命之说,排挤他相,使不得与造命取旨之事,更得以便其专政之私了。

宋代定制的本意,原想使取旨审议施行三权,各自分立,可是行之不久,三权分立之说便完全打破。且看叶梦得《石林燕语》说：

> 本朝沿习唐制，官制行，始用《六典》，别尚书门下中书为三省，各以其省长官为宰相。左仆射兼门下侍郎，行侍中之职；右仆射兼中书侍郎，行中书令之职。而别置侍郎以佐之，则三省互相兼矣。然左右仆射既为宰相，则凡命令进拟，未有不由之出者。而左仆射又为之长，则出命令之职，自己身行，尚何省而覆之乎？方其进对执政无不同，则所谓门下侍郎者，亦预闻之矣。故批旨皆曰"三省同奉圣旨"，既已奉之，而又审之，亦无是理。门下省事惟给事中封驳而已，未有左仆射与门下侍郎自驳已奉之命者。则侍中侍郎所谓省审者，殆成虚文也。

由此看来，三省分立之制到宋代几乎完全破坏，宋人有提倡废门下省说的，大概就是因为这种原因。司马光虽然仍想维持三省旧制，可是却不赞成三省分立，很想使三省一同取旨。因为照唐代的三省分立制行去，办事的程序非常的繁重，往往一件事迟延至年余，才能办完。且看司马光说：

> 凡内降文书，及诸处所上奏状申状，至门下中书省者，大率皆送尚书省。尚书省下六曹，六曹付诸案勘，当检寻文书，会问事节，近则寺监，远则州县，一切齐足，然后相度事理，定夺归着，申尚书省。尚书省送中书取旨，中书既得旨，送门下省覆奏画可，然后翻录下尚书省，尚书省复下六曹，方符下诸处。以此文字繁冗，行遣迂回，近者数月，远者逾年，未能决绝。或四方急奏待报，或吏民词讼求决。皆困于留滞。（注三）

司马光因为想免除这样繁复的办事程序，所以主张恢复从前三省合议制，"以都堂为政事堂，每有政事差除，及台谏官章奏，已有圣旨三省同进呈外，其余并令中书门下共同商议，签书施行"（注四）。由此可见到了宋代，政治的中枢已经渐渐移到中书一省，门下省因为形同虚设，不能行使覆审大权，而尚书省又久已不与闻朝廷议论。元明两代废去尚书门下，独留中书一省，或者是继续这个多年的趋势，也未可知。

宋代的宰相在事实上很具有政党内阁的雏形。当神宗熙宁二年，用王安石做参知政事，用陈升之做同平章事，不久安石升同平章事，一人独相，便制定新法，极力推行。这可算是新党的内阁成立。后来安石辞职，司马光吕公著等旧党内阁成立，推翻安石的政策，停止新法，和近代立宪国家政党内阁的更代，很有一点相似。

（注一）《通典·职官》三

（注二）《文献通考·职官考》三

（注三）原文见《文献通考·职官考》四

（注四）原文见《文献通考·职官考》四

第四章　金元的单省制度

辽代官制分北南两院："北面治宫帐部族属国之政，南面治汉人州县赋税军马之政。"（注一）北南府宰相"掌佐理军国之大政"（注二），于事无所不统，和尚书令总领六部相似。辽代南院官制还有中书省门下省尚书省，金代自正隆定制以后，却只有尚书省。金代尚书省官职如下：

尚書省—尚書令　一人　｛左丞相　一人／右丞相　一人／平章政事　二人｝｛左丞　一人／右丞　一人／參知政事　二人｝

正一品，總領紀綱儀刑端揆。

皆從一品，相掌丞天子平章萬幾

皆從二品為執政官為宰相之貳佐治省事。

金以尚书令左右丞相平章政事为宰相，左右丞参知政事为执政官，前者是管理国务的，后者是管理省务的。到了元代虽然也以丞相和平章为宰相，以左右丞参政为执政官，与宋金各代一样，可是官制却大有变更。因为元代三置尚书省，但终久还把他废掉，把他的职务一概并归中书省掌管，尚书左右两司曹属皆变成中书省官，这是制度上一大改革。大概元代的中央政府，已经造成一种三权分立制，就是以中书省总庶政，以枢密院掌兵要，以御史台纠弹百官。军政和监察两事另有机关掌管，故中书省只不过管行政事务罢了。元代中书省的官职如下：

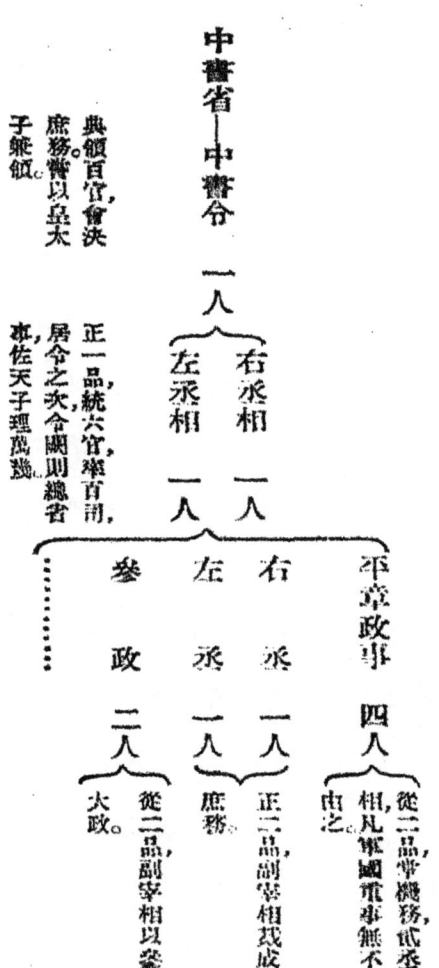

元代的中书令形同虚设,真正宰相乃是右丞相左丞相。胡粹中在《元史续编》中,攻击元代宰相制度的错乱,说:

> 中书政本,元既有中书令矣,复立左右丞相,则丞相特中书令之佐贰耳。既以令为虚设,右左丞相为正宰相,而复设平章政事,则又以平章为宰相贰矣。然平章政事非宰相而何?名之不正,莫此于甚!至其末流,丞相而遥授焉,则冗滥极矣。

据《历代职官表》说,元代的这样制度,全仿金制(惟金属尚书省,元改归中书省)(注三),但无论他是创始的,或仿效的,总免不掉错乱的弊病。到明代洪武十二年止,宰相制度便告终,而内阁制度便从此发生了。

（注一）《辽史·百官志》

（注二）同前

（注三）《历代职官表》卷四

第五章　明清两代的内阁制度

明代初年还沿用元代的旧制，设中书省，置左右相国及平章政事等官。到了洪武十二年，左丞相胡惟庸等既伏诛，便废掉中书省，抬高六部的地位，使分司国务。于是造成绝对的君主独裁制，历代所称为宰相之官，到这时便完全废止了。虽然仿照唐宋集贤资政等制，设大学士，可是只用他们备顾问，并不用他们来参与国政。且看《明史·职官志》说：

> 洪武十五年，仿宋制，置华盖殿、武英殿、文渊阁、东阁，诸大学士，又置文华殿大学士，以辅导太子，秩皆正五品。勅谕群群臣，国家罢丞相，设府部院寺，以分理庶务，立法至为详善以后嗣君

其毋得议置丞相臣下有奏请设立者，论以极刑。当是时，以翰林春坊详看诸司奏启兼司平驳大学士特侍左右，备顾问而已。

由此看来，当洪武年间，大学士还以掌翰林职为主，只备顾问，不能算是政治的中枢。到了成祖以后，侍讲、侍读、编修、检讨等官，才参预机务，于是才有内阁的名称。再看《明史·职官志》说：

成祖特简讲读编检等官，参预机务（简用无定员），谓之内阁。然解缙、胡广等既直文渊阁，犹相继署院事。至洪熙以后，杨士奇等加至师保，礼绝百僚，始不复署。正统七年，翰林院落成，学士钱习礼不设杨士奇杨荣座，曰此非三公府也。二杨以闻，乃命工部具椅案，礼部定位次，以内阁固翰林职也。嘉隆以前，文移关白犹称翰林院，以后则竟称内阁矣。

大概明代的中枢机关，在国初是中书省，在洪武十三年后是六部，成祖以后是内阁，至仁宗时阁权尤重。因为此后杨溥进位少保，杨士奇杨荣进位少师，以师保兼领阁权，所以阁权渐重，和宰相简直没有什么差别。自此，六部的权任渐轻，凡事多禀承内阁的意旨，然后施行，而六部便变成隶属内阁的机关了。

明代内阁的职掌，据《明史·职官志》说：

> 内阁中极殿（旧名华盖殿）大学士，建极殿（旧名谨身殿）大学士，文华殿大学士，武英殿大学士，文渊阁大学士，东阁大学士（并正五品），掌献替可否，奉承规诲，点检题奏，票拟批答，以平允庶政。凡上之达下，曰诏，曰诰，曰制，曰册文，曰谕，曰书，曰符，曰令，曰檄，皆起草

进画，以下之诸司；下之达上，曰题，曰奏，曰表，曰讲章，曰书状，曰文册，曰揭帖，曰制对，曰露布，曰译，皆审署申覆而修画焉，平允乃行之。……大典礼，大政事，九卿科道官会议已定，则案典制，相机宜，裁量其可否，斟酌入告。……以其授餐大内，常侍天子殿阁之下，避宰相之名，故名内阁。

当成祖初创内阁的时候，只正五品，官秩很卑，故朝位班次，远在尚书侍郎之下。自仁宣以后，阁权渐重，便渐得支配六部，"嘉靖以后，朝位班次俱列六部之下"（注一）。故凡国家有大典礼，大政事，由九卿科道官议决，经内阁核准，才能够上奏。可见内阁对于六部及院寺的议决，有裁度可否之权，这是内阁得统制六部以下各官厅的明证。不过明代内阁的职掌，专门在票拟一事，只同知制诰的翰林，并不似古代宰相的职掌。故自后汉事归台阁而后，其官虽然不是宰相之官，其职还是宰相之职；自明代改为内阁制度以后，其官既不是宰相之官，其职也不是宰相之职了。

清朝政府，多沿明代旧制，内阁制度也是这样。清代内阁设大学士满汉各二人，正一品，"均由特简，赞理机务，表率百僚"（注二），"内外诸司题疏到阁，票拟进呈"（注三）。补授后，再由君主命兼殿阁及六部尚书衔。殿阁名有六，曰保和殿、文华殿、武英殿、体仁阁、文渊阁、东阁（旧制殿名四，阁名二，乾隆十三年省中和殿衔，增入体仁阁衔，为殿阁名各三）。再设协办大学士满汉各一人，俱从尚书本衔，为从一品。协办大学士与大学士同厘阁务，仿佛宋代的参知政事，比宰相次一等，不过宋代参知政事是政府的正员，清代的协办大学士却是以尚书充任的，部务乃是本职，阁务不过是兼职罢了。此外还有学士，掌敷奏本章，传宣纶綍。又有侍读学士，掌收发本章，总稽翻译。

清朝的内阁成于康熙时代,在这时已有翰林院分去内阁一部分职掌,因为翰林院也是掌制诰以备顾问的机关。到了雍正年间,别设一个军机处,又分去内阁一部分重要的职权,于是内阁的职权渐轻,而军机处的职权渐重,大有代替内阁管理一切机密事务的趋势。且看蔡镇藩在《请审官定职疏》中说:

> 国初内三院皆设大学士,康熙时改为内阁,分其职而设翰林院,雍正时又分其职而设军机处。内阁,翰林院,军机处,即初时之国史院,宏文院,秘书院也。惟军机处因西北军务而设,未遑定官,迄今百数十年,赞理万几,政事无所不统,并非专办军务。(注四)

清代的军机处本为西北用兵而设,最初是专管军事的机密命令和计画的,略如元代枢密院的职掌。后来因为军机大臣,天天在皇帝的左右,参赞机务,便把内阁的职权渐渐夺过去了,居然成为内阁中的内阁。起初,内阁翰林院和军机处,虽然同为君主的秘书厅,可是所司的职务还是分的,且看王昶在《军机处题名记》上说:

> 本朝谕旨诰命其别有四。凡批内外臣工题本常事,谓之旨,颁将军总督巡抚学政提督总兵官榷税使,谓之敕,皆由内阁撰拟以进。凡南北郊时享祝版,及祭告山川,予大臣死事者祭葬之文,与夫后妃宗室王公封册,皆由翰林院撰拟以进。然惟军机处恭拟上谕为至要。上谕亦有二,巡幸上陵,经筵,蠲赈,及内臣自侍郎以上,外臣自总兵知府以上黜陟补,暨晓谕中外者,谓之"明发上谕";诰诫臣工,指授兵略,查核政事,责问刑罪之不当者,谓之"寄信上谕"。明发交内阁以次交

于部科；寄信密封交兵部用马递，或三百里，或四五六百，或至八百里以行。其内外臣工书所奏事，经军机大臣定议取旨，密封递送亦如之。

由此看来，至雍正后，凡草拟上谕，参赞这一类机密大权，已经转移到军机处手中，内阁概不能参预。就因为"内阁在太和门外，僕直者多，虑漏泄事机；……军机处地近宫庭，便于宣召，为军机大臣者，皆亲臣重臣，于是承旨出政，皆在于此矣"（注五）。这就是军机处所以夺取内阁的职权的真正原因。

到了光绪二十七年，又设会议政务处，以分军机处的职权，除关于军国大事外，普通政务方针，皆由政务处审议。政务处的重要职权就是：（一）会议特旨交议事件，（二）审议百官的条陈，（三）审核各衙门的奏章。最后到宣统三年，清廷乃颁布新内阁官制十九条，仿效近代欧美各国的内阁制，而以庆亲王为内阁总理。

中国废掉历史上固有的内阁制，采用各国通行的内阁制，可算是从这个时期起首的。自明代到清末，内阁制度的沿革，大概如此。

（注一）《明史职官志》

（注二）《历代职官表》卷二

（注三）《皇朝通考·职官考》

（注四）《皇朝掌故弃汇·内编》卷一

（注五）《赵翼军机处述》

第六章　内阁的职权

中国内阁的职权向来是不固定的,遇到大有为的君主,如清康熙、乾隆的时代,阁员只能唯唯听命;遇到昏庸的君主,如明世宗、熹宗的时代,阁员又往往是大权独操,这种因人而变的内阁制,实在是专制政体下的必然的结果。

中国式的内阁制度,到清代而止,故本节所述的内阁的职权以清代为主。又因为清代的内阁和军机处并立,职权的分野既没有法令规定,又没有天然的界限可寻。虽然到了清末,有人建议把军机处改为枢密院,专掌兵要(注一),但这个建议并没有成为事实。故军机处的职掌虽然和元代的枢密院及明代的都督府的职掌大致相同,但因为机关接近君主,人员又为君主所信任,所以往往夺取内阁的实权。由此看来，军机处在实际上居然成为内阁中的内阁，甚至于成为内阁上的内阁。大学士如果不带军机大臣的头衔，往往只管阁务，不得参预机密。军机处既然成为事实上的内阁，自然不能不叙述他的职权了。故本节先叙述清代内阁的职权，然后再叙述清代军机处的职权。

（甲）内阁的职权　前边说过，中国式的内阁，乃是"点检题奏，票拟批答，起草诏令，兼备咨询的秘书厅"，那么内阁的职权当然以这几种事项为主了。现在为方便计，姑且分别叙述如左：

（一）起草诏令　明清两代的内阁既然很像知制诰的翰林，故起草文书，乃是阁员的重要职务。明代的阁员因为起草诏令，所以有人说，阁臣发议可以代替王言，地位非常重要。清代自设军机处后，上谕虽然由军机处起草，可是"凡批内外臣工题本常事，谓之旨，颁将军总督巡抚学政提督总兵官榷税使，谓之敕，皆由内阁撰拟以进"。诏令的起草虽然还要呈请君主裁可,比不得现代国务员的拟定命令权,可是在事实上君主却多半是同意的。有时固然要遵奉君主的意旨去起草,但是有时君主或不曾表示意见,而阁员的草稿往往有转移君主意见的效果,使君主只立在同意的地位。

(二)票拟批答　凡内外诸司的题奏到阁,内阁检阅题奏的内容及方式,付以意见,用小票墨书贴各疏面以进。又关于官吏的任免进退,因等级的高下,事情的轻重,拟定办法进呈。有时因为有几种处分的办法,并可以用双签,三签,四签,以待君主的决定。

(三)收发本章　中央各部院的题奏,直达内阁,地方长官的题奏,经通政司转达内阁(自光绪二十八年废通政司,凡外臣上奏皆直达内阁)。内阁检阅这一类的题奏,进呈君主,君主因军机大臣的详议然后决定采否,除密行文件外,皆发交内阁,由内阁发送下去,以达于各官厅。

（四）撰拟徽号谥号　"凡上徽号，进册实册印，俱由内阁撰拟文篆，至皇子皇孙及王公公主名号，俱承旨拟奏"，凡庙号尊谥赐谥，皆由内阁照一定的字义拟定上呈。

（五）保管御宝　清代的御宝比任何朝代都多，藏于交泰殿者二十五，藏于盛京者十。因事件的性质不同，故所用的玺印也不同。这些事务也是内阁的职务。

（六）纂修实录史志诸书　"凡纂修实录史志诸书，充监修总裁官。"

（乙）**军机处的职权**　军机处乃是办理枢务承写密旨的地方，以机密为主，因为机密的缘故，不得不擢用亲信的大臣，因为任用亲信的缘故，不知不觉的便夺去内阁的实权。到了吸收内阁的实权而后，便变成唯一最高的统治机关，不止办理军务，凡军国大政，几乎无所不统。现在姑且把他的职权分述如下：

（一）应答君主的咨询　军机处是君主的最高顾问

机关,不论君主在京或在外巡幸,总令军机大臣随行,随时召见顾问。清初机事皆归内阁,自雍正以后,本章归内阁,机务及用兵皆归军机处,故君主几乎没有一天不和军机大臣见面。凡君主有所商议,必随时召见军机大臣陈述意见。

(二)商定军事计划 计划军事乃是设立军机处的唯一目的,凡用兵方略,皆由军机处随时决定,密谕前敌军将遵行。

(三)议决国家大政 军机处不只备君主的顾问,遇到国家大政,往往交由军机处议决。例如于既定官制外,从新设立新官制,或处理新设官厅的特别行政事件,及决定外交事务的方针,并宣战媾和等事,皆由军机处密议,经君主裁可施行。

(四)起草上谕 军机处的职掌"在恭拟上谕"(注二),凡"巡幸上陵,经筵,蠲赈,及内臣自侍郎以上,外臣自总兵知府以上黜陟补,暨晓谕中外者,谓之明发上谕，诰诫臣工，指授兵略，查核政事，责问刑罪之不当者，谓之寄信上谕"，皆由军机处拟稿，呈请君主酌定。

（五）审议撰拟题奏　凡由内阁所拟的旨敕，由翰林院所拟的封册祭祀之文，如果君主认为不当，便交给军机处审定（注三）。又"凡内外臣工所奏，有旨敕议者，审其可否以闻"（注四）。

（六）审理大狱　军机处关于破坏国宪紊乱朝政的政治犯，有最终的审理权。如归军机处特别管辖，便由军机处传讯，如须和刑部协议，便同刑部会审。由此看来，军机处也可以行使特别的司法权。

（七）奏请任免钦命文武官吏　凡钦命的文武官员（京内文官自大学士至京堂，武官自御前大臣至步军前锋护军统领，京外官吏自将军督抚至布政使按察使）的任免进退，均由军机处奏请，或开列候补人的名单，或开列各官厅的缺单，奏上而请君主决定。

以上所述的乃是内阁和军机处的职权。不过严格说起来，无论是内阁，或军机处，都没有一定的权限，只有随时属托的事务。简单一句话，就是在君主专制政体之下，"创制立法，皆天子之事，既出圣裁，实为典要"（注五），故内阁所有的，只是义务，绝没有什么权利。所以《历代职官表》说："总之钧衡近地，职参密勿，其事权之属与不属，原不系乎宰相之名，而惟视乎人主之威柄以为操纵。"（注六）如果行近代的内阁制，便是清高宗说的"为宰相者居然以天下之治乱为己任，至目无其君，此尤大不可也"（注七）了。这就是中国式的内阁制度所以无定制无定员无定职的原因。

（注一）见蔡镇藩《请审官定职疏》

（注二）王昶《军机处题名记》

（注三）同前

（注四）同前

（注五）是明监察御史许士廉等对明太祖说的话，见黄元升《昭代典则》。

（注六）《历代职官表》卷二

（注七）《书程颐经筵劄子后》